在莫斯科举行的中共六大

25 读·党史
第25辑

在莫斯科举行的中共六大

李蓉　叶青如／编著

中共党史出版社

图书在版编目(CIP)数据

在莫斯科举行的中共六大/李蓉,叶青如编著．—北京:中共党史出版社,2017.1(2022.7 重印)

(读·党史)

ISBN 978-7-5098-3986-7

Ⅰ.①在… Ⅱ.①李… ②叶… Ⅲ.①中共六大(1928)—史料 Ⅳ.①D220

中国版本图书馆 CIP 数据核字(2016)第 281388 号

启事:本书选用的部分文字、图片,来源于各正式出版物。其中还有部分作品尚未与有关作者、编者取得联系,我们深感不安。恳请有关权利人联系我社,我们将按《著作权法》的相关规定支付稿酬。(联系人:陈海平　电话:010—82517160)

出版发行:中共党史出版社
责任编辑:吕佳音
责任校对:龚秀华
责任印制:谷智宇
社　　址:北京市海淀区芙蓉里南街6号院1号楼
邮　　编:100080
网　　址:www.dscbs.com
经　　销:新华书店
印　　刷:北京君升印刷有限公司
开　　本:145mm×210mm　1/32
字　　数:115 千字
印　　张:5
印　　数:3101—5100 册
版　　次:2017 年 1 月第 1 版
印　　次:2022 年 7 月第 2 次印刷

ISBN 978-7-5098-3986-7

定　　价:15.00 元

此书如有印制质量问题,请与中共党史出版社出版部联系
电话:010—82517197

目录
CONTENTS

目录
CONTENTS

腥风血雨求生存

中国共产党自成立起就以救国救民，打倒帝国主义、封建主义，建立新中国为职志。这当然会被当时帝国主义支持的反动军阀政府视为异端，极力镇压。在这样的环境下，中国共产党的第一至第四次全国代表大会都是在秘密条件下召开的。因当时党员人数少，党的全国代表大会规模都不大。国共两党第一次合作推动了国民革命的发展，到1927年中共五大召开时，中国共产党在武汉可以公开活动，一些外国共产党代表和国民党人士，也出席了这次大会。会议气氛十分热烈，但中国革命已经面临着严重的危机。蒋介石在上海发动了四一二反革命政变，对共产党人大开杀戒。武汉的形势也岌岌可危。

果然，中共五大结束不久，曾被视为国民党左派的汪精卫发动七一五反革命政变。轰轰烈烈的大革命失败，中国共产党领导的革命力量遭到了极大摧残。大批共产党员和革命群众，遭到了国民党反动派的屠杀。中国革命处于危急关头。在这种情况下，中国共产党没有被吓倒，更没有屈服。1927年7月中旬，中共中央改组，陈独秀被停职，成立了临时中央常务委员会，制定了对国民党反动派坚决反击的政策。8月1日，中国共产党领导的南昌起义爆发，打响了武装反抗国民党反动派的第一枪。

8月7日，中共中央在汉口紧急召开政治局扩大会议即八七会议，坚决纠正了党内的右倾错误，总结了大革命失败教训，讨论了党的工作任务，制定并实行了武装反抗国民党反动派和开展土地革命的正确方针。继南昌起义以后，中国共产党先后领导了秋收起义、广州起义等大大小小的100多次武装起义。“各地起义中保存下来的一部分革命武装，深入农村，开展游击战争，为后来建立和发展红军和农村革命根据地，奠定了初步的基础。”

但是，敌强我弱的力量对比没有改变，形势依然严峻。正如中共六大政治议决案所概括：中国共产党第五次大会到第六次大会之间，中国革命之中，经过极重大的许多事变：北伐底胜利，帝国主义势力底削弱，极广大的劳动群众迅速地革命化，工运农运在半公开的条件之下广大的发展和勃兴，土地革命底开始深入……后来中国革命便遭受几次严重的失败，丧失革命所得的胜利，共产党受着摧残，群众运动受着压迫。

据当时共产国际东方部的负责人描述，中共六大召开的形势是：“反动势力猖獗、最重要的革命成果丧失了，群众运动遭到镇压，中国统治阶级的地位大为巩固，由于受到反动势力的一再打击，中国共产党的队伍大为减少。许多地方党的组织几乎全遭破坏”。相比大革命时期，中国共产党所处的活动环境，完全可以用极为恶劣来形容。

首先，白色恐怖严重。国民党新军阀凶恶地镇压革命、屠杀工农没有停止。特别是各地按照八七会议武装反抗国民党反动派的精神，先后组织武装起义，遭到国民党反动派的血腥镇压。据不完全的统计，在这一时期中，党的著名活动家和工农领袖被残杀的就有：陈赞贤、杨闇公、汪寿华、萧楚女、熊雄、邓培、李大钊、范鸿劼、李启汉、陈延年、赵世炎、王荷波、杨培森、肖石月、王一飞、向钧、李子骥、涂正楚、袁孟冰、周文雍、陈乔年、夏明翰、郭亮、罗亦农、向警予、田波扬、侯绍裘、张太雷、张佐成等数十人。据周恩来在六大的组织问题报告中统计，从1927年3月到4月，共产党员、工农群众和革命学生被杀害了12.0548万—12.0638万人。从1927年5月中旬到11月，共产党员、工农群众和革命学生被惨杀达16.8万人—17.1万人。从广州暴动到六次大会前又被屠杀了2.658万人—5.23万人。总计1年又3个月当中，被惨杀的共产党员和革命群众达31.5128万人—32万余人，被投入监狱监禁者达4600余人。仅从1927年4月10日至年底，江苏省就被捕5657人，1836人被杀害，党团员骨干被害850人。

同时，党的地方组织遭受严重破坏。大革命时期建立和发展起来的中共地方组织，许多被打散了，不少党员同党组织失去了联系。党的活动失去了大革命时期可以公开活动的有利条件，被迫全部转入秘密状态。当时在赣东北地区开展革命工作的方志敏曾回忆说："我们不但无扎机关之处，连藏身地也难找到。日间不能走路，要在夜间悄悄的走；大路不能行，要找偏僻的小路走；房屋不能住，要躲在树林里、岩石下或水沟里的茅蓬里去住。一天要跑几次兵，晚间躲在茅蓬里睡觉，也得留心警戒，稍一不慎，就有被敌人打死或被俘的危险；环境的险恶和困难，是无以复加。"

第三，党的队伍十分混乱。因为形势的严峻，一些不坚定分子纷纷脱党，有的甚至叛变革命，出卖自己的同志和战友。全国的党员数量一度由大革命高潮时的近6万人减少到1万多人。虽然在八七会议后，党确立了正确的方针，党的工作得到较大的恢复和发展，但党内思想仍然存在着混乱现象，特别是对大革命失败的原因、教训如何认识，对当时革命的形势、性质如何认识，如何制定正确的路线方针和政策等一些重要问题，党内存在不同意见，甚至争论不休，各执一词。一些人对革命前途悲观失望，不知何去何从；一些人又表现出盲动主义倾向，不顾客观条件一味蛮干。而在党的领导机关中，又出现了过分强调党的领导机关成分工人化的倾向，过分追究个人责任的惩办主义倾向。一些不赞成党的现行路线方针政策的党员，甚至退党、另组政党。总之，党面临着十分严峻的挑战和考验，中国革命在中共五大和中共六大之间，是"一个很严重的危急时期"（瞿秋白语）。

1928年1月下旬，红色工会国际驻中国代表米特凯维奇（曾用名亚历山大罗维奇），从上海给莫斯科的共产国际执行委员会写信，谈到召开中共的党代会，对于中共具有重要性和迫切性。因为"目前面临的问题很复杂，必须对所有问题作出明确的回答。为了充分弄清革命的前景和任务问题，解决目前党内的状况和克服党内一切错误倾向，迫切需要召开党的代表大会"。他还强调：只有召开党的全国代表大会、选举新的中央委员会才具有权威性的地位和作用。关于会议地点，米特凯维奇认为在苏联开会是合适的。因为"在这次党代会上很需要共产国际执委会的切实领导。现在正需要帮助党来弄清所有问题，因此我们和中央一起给你们发去电报，我们认为在苏联境内召开代表大会是合适的"。他还说明中共不能在中国境内召开党代会的三条理由：一是由于要冒遭受破坏的危险；二是因为这里没有共产国际执委会的重要代表；三是因为环境不安宁会带来焦躁情绪，不可能心平气和地、认真地进行工作。所以，"在中国召开代表大会非常困难"。

由上可见，中共六大在苏联境内召开，最初是来自红色工会国际驻中国代表的建议。同时，中共方面也考虑到，因为赤色职工国际第四次代表大会将于1928年春季在莫斯科召开，共产国际第六次代表大会和青年共产国际第五次代表大会也将于同年夏天在莫斯科举行，届时中国共产党都将派代表参加。因此，中共中央没有再考虑在香港或澳门召开六大，而是于1928年2月13日决定报请共产国际执委会，请求批准中共六大在苏联境内召开，并要求国际执委派代表团参加，斯大林、布哈林能有一人出席大会。在这种情况下，共产国际和联共（布）既采纳了共产国际代表的建议，也考虑到中共方面的要求，在苏联境内开会，毕竟有利于共产国际的指导和帮助，也有益于代表们的安全和认真工作。因此，1928年2月22日，联共（布）驻共产国际执行委员会代表团召开会议，在听取关于中国共产党代表大会问题报告后，作出决定："不反对中国共产党于4月底或5月中在西伯利亚境内召开代表大会"。苏联西伯利亚比较靠近中国，以后确定的开会地址莫斯科更是当时苏联的首都和政治中心，也是共产国际所在地。因此，共产国际同意在苏联境内开会，对于当时处境困难、很难找到一个安全的开会之处的中国共产党来说，显然是值得高兴的。

由于出国参加中共六大的代表大都为国民党政府通缉的对象，所以六大代表在出国途中都有某种历险的经历，据邓颖超同志回忆，六大代表分批出发经大连、哈尔滨赴苏。她与周恩来赴苏联的途中乔装古董商人，在大连遭遇水上警察的仔细盘查。警察怀疑周恩来的身份，甚至直接喊出周恩来的姓名。周恩来机警地应付过警察的盘查，但是为了安全起见，甚至销毁了接头的证件。

各路代表经历千辛万苦，历时一个月，于6月中旬到达莫斯科。1928年6月9日，斯大林在莫斯科接见了前来参加中共六大的代表瞿秋白、苏兆征、李立三、向忠发、周恩来等人。斯大林向与会代表谈了中国革命的性质和革命形势问题以及革命高潮和低潮的辩证关系。李立三的夫人李莎女士在《我的中国缘分》一书中谈到当年斯大林接见中共六大代表的情况。她回忆说，会见是在绝密条件下进行的，最关键时刻斯大林把速记员都打发走了。斯大林和中国同志长时间地讨论了国际形势与中国革命发展规律。

中国共产党第六次代表大会在绝密条件下于1928年6月18日至

中共六大会址：莫斯科近郊兹维尼果罗德镇塞列布若耶别墅

7月11日在莫斯科郊区举行。出席会议的代表共有142人，其中84人有表决权，34人有发言权，代表着全国40000多名党员。联共（布）的代表、意大利共产党的代表和青年国际的代表作为嘉宾出席了中共六大。会议于6月18日召开，至7月11日结束，历时24天。

瞿秋白在中共六大上作了《中国革命与共产党》的政治报告，周恩来作关于组织问题和军事问题的报告，共产国际代表布哈林作《中国革命与中国共产党的任务》的报告。中共六大产生了由23名中央委员和13名候补中央委员组成的新一届中央委员会。

中国共产党不屈不挠在恶劣的环境中坚持斗争。从八七会议到中共六大，虽然历经大革命失败的严重摧残和盲动主义的破坏，中国共产党的各级组织遭受了很大的损失，但经过艰苦努力，仍然得到一定的恢复和发展。据中共六大组织问题报告和统计，全国中共组织计有：广东、福建、云南、湖南、湖北、江西、江苏、浙江、安徽、顺直、山东、山西、满洲、河南、陕西、四川16个省委、1个南洋临时省委，37个特委，400个县委，36个市委，41个区委，138

个特别支部，全国中共党员共有9万多人。当时的党员成分，工人占10.9%，农民占76.6%，士兵占2.8%，知识分子占7.2%，其他占2.5%。这说明党已经从大革命失败的阴影中走出来，力量有所恢复和发展。

总之，中共六大是"在反动势力的残酷打击下，在闻所未闻的白色恐怖笼罩之中，在秘密的地下状态的环境里"召开的一次全国代表大会；是在极为险恶的环境下，在党面临重大历史转折关头召开的一次重要会议。在当时的条件下，怎样坚持八七会议制定的武装反抗国民党反动派和土地革命的总方针，特别是在三大起义等一系列具有重大影响的革命斗争大多都因敌强我弱而先后失败的困难的情况下，如何继续高举革命的旗帜，集中全党智慧，进一步认清革命形势，总结大革命失败以后的经验教训，制定革命的策略和任务，无疑是摆在全党面前的一项十分急迫而重大的任务。

中国共产党第六次全国代表大会，不仅承担而且基本完成了这项光荣而艰巨的使命。大会根据党的任务和革命形势，认真地总结大革命失败以来的经验教训，正确地分析形势，对有关中国革命的一系列根本问题，作出了基本正确的回答，对革命的复兴和发展起了积极作用，显示了中国工人阶级先锋队顽强的生命力和战斗力。

同时，中国共产党第六次全国代表大会，又是按照党章要求，克服重重困难，及时召开的一次党的全国代表大会。它所明确提出的党在新形势下的任务，所制定的党在新的历史时期的路线、方针和政策，对统一全党思想，振奋全党精神，明确努力方向，继续为实现党的民主革命纲领而奋斗，意义重大。因此，中共六大是党的历史上的重要会议，对党的建设和发展产生了重要影响。

赴莫斯科参加中共六大

/唐韵超

我原名唐宏经，曾用名唐圣修、唐福山、金涛、金红。1901年3月1日出生于辽宁金县董家沟一户农民家庭。16岁时，因家庭生活贫困，经人介绍，到大连日本人开办的南满洲铁道株式会社沙河口工场（今大连机车厂）当了一名学徒工，受尽日本资本家的剥削和欺压。

唐韵超

五四运动后，马克思主义传到中国。大连的爱国知识分子于1920年和1922年先后倡导和组织成立了“大连中华青年会”和“中华增智学校”等进步团体。他们在教授青少年文化的同时，也组织社会青年学习新文化、灌输爱国主义思想。我报名参加了青年会组织的学习和各项活动，受到进步思想的启迪，初步接触了马克思主义。

中国共产党诞生后，特别是1922年5月全国第一次劳动大会以后，全国工人运动迅猛发展，各地罢工斗争迭起。1923年京汉铁路工人爆发了震惊中外的二七大罢工，大连工人阶级从报纸上了解到这些情况。受到强烈震动，认识到要想不当亡国奴，不受日本人的欺压，就要像关内工人那样，组织起来，成立自己的团体。

经过一段时间的酝酿和筹备，1923年12月2日，我和工厂里的几个进步青年共同发起成立了大连地区第一个工会组织"满铁沙河口工场华人工学会"，并在此基础上，很快发展成为全市性地方工会组织"大连中华工学会"，我被选为大连中华工学会副委员长，并于1926年初加入了中国共产党。

1926年4月，大连"福纺"纱厂1000余名中国工人为反抗日本资本家的剥削和压迫，爆发了震动全国的大罢工，我作为中共大连地委委员、工运部长，并以中华工学会副委员长的身份，参与并领导了这场大连地区有史以来，有领导、有组织、规模最大、持续时间最长的百日罢工斗争，并取得了胜利。同年10月，我在一次会议上被日本殖民当局逮捕。翌年3月，经党组织多方面营救获释。

1927年7月，大连党组织遭到破坏。为保存革命力量，我同一些幸免于难的党团员逃往奉天（沈阳），继续寻找党组织。1928年初，我在奉天兵工厂做工时，与党组织取得了联系。不久，中共满洲省临委决定由我担任工运部长，领导全东北地区的工人运动。

……我上任后，深入奉天、抚顺、辽阳、沟帮子、西丰等地的工厂、矿山和南满铁路沿线，了解情况，帮助建立工会组织，发动工人同资本家进行小规模的经济斗争。1928年4月，在满洲省临委第二次党代会上，我当选为省委常委，继续从事工运工作。不久，省临委接到中央召开第六次全国代表大会的通知。中央给满洲省临委五个名额。当时，党内有一种不正确的认识：认为大革命失败的重要原因之一，是由于党内工农出身的干部太少，因此，通知要求最好选工人、农民作代表，使领导干部中多增加些工农成分。组织部长吴丽实找我商量派谁去合适，我刚到省委工作不久，全东北地区的情况尚不完全熟悉，这样，由吴丽实提名，决定让我、王福全、于治勋、朱秀春、张任光代表满洲省委出席这次会议，并由我负责带队。我们五个人中，除张任光是学生出身外，其余四人都是工人出身。

鉴于当时国内形势的紧张局面，共产国际决定中共六大安排到莫斯科召开。会议之前，全国各地的代表将分批前往莫斯科。当时行走的路线，除一部分由上海乘轮船经海参崴到苏联外，其余大部分由上海经大连到哈尔滨，从满洲里和绥芬河越境。

1928年5月，我们从沈阳乘火车到哈尔滨。临走时，省委交给我一个火柴盒，里面装有21根火柴，让我下车后到哈尔滨道里区俄国大街一个马车店接头。下车后，我们找了一家旅馆住下。之后我揣着接头的火柴盒找到了马车店。张国焘、罗章龙、夏曦等人已先期到达这里。张国焘与我打过招呼后，我把火柴盒交给了他。他数了数，对我说：因南方代表语言容易暴露，满洲省委的代表还有一项任务，就是把你们分到各组，护送南方代表过境。

傍晚，我回到旅馆，把中央的要求向他们四人做了传达，之后他们先期过境，我则留在了哈尔滨。

记得第一次护送的是广东代表团。我到车站买了去满洲里的火车票，带着他们乘上火车。一路上他们见人尽量不说话，一切由我出头。从哈尔滨到满洲里火车要开一天一夜。上车前，接待站发给每个代表一个过境的号码牌，下车后，我们根据手中的号码，找到带号头的马车。马车前面挂着车灯，如果代表手中的号码牌和车灯上的号码对上，就把手中的号码牌交给苏联马车夫，不必说话，点点头即可上车了。送走广东代表，我在满洲里住了一夜，第二天又返回哈尔滨。就这样，我先后护送云南、贵州和江西的代表过了境。

大约是5月下旬，我护送张国焘、罗章龙、张昆弟等中央代表出发时，张国焘告诉我，这次就不返回去了，一起过境。车到满洲里后，马车夫把我们送到远处山上的一间房子里，晚上我们乘火车到了赤塔，又在赤塔住了一夜，第二天才换上去莫斯科的列车。

记不得是途中的哪一个大站，停车时，我们下车到站台上去活动活动。一个苏联铁路工人见我们是中国人，一边用手比划着，嘴里一边发出俄语的卷舌音，我们不懂俄语，不明白他是什么意思。直到火车又开了好长时间，才得知张作霖在沈阳被炸死了。

火车经过一个多星期的运行到了莫斯科。一个事先安排好的木架子马车把我们一行拉到了莫斯科郊外的一个地方。在这里，我们见到了许多代表，因为有几个省的代表还没有到，会议没有马上召开。有一天，大会秘书长周恩来找到我，对我说：老唐，你怎么把团员也带来了。这时我方知朱秀春竟是个团员。我一时没了主意，问他：这怎么办。周恩来想了想说，让朱秀春写个入党申请书吧。就这样，经过与会代表一致通过，朱秀春在莫斯科加入了党组织。

1928年6月18日，中国共产党第六次全国代表大会召开。会议期间，布哈林代表共产国际作了政治报告（王明翻译），瞿秋白作了题为《中国革命与共产党》的报告，周恩来作了组织问题和军事问题的报告。之后，代表们进行了认真的、长时间的讨论。

中共六大是一次有着重大历史意义的大会，我作为一个入党时间不长，从事省委工作时间很短的工农干部，能够参加党的高级会议，特别是到莫斯科参加党的六大，心情非常激动。因此，开会的时候总是认真听，认真做笔记。我记得，中央报告中曾指出：党在职工运动中的主要任务是争取工人阶级的大多数，坚决反对强迫工人罢工和盲目实行武装暴动，必须用最大努力恢复工会，用一切力量团结群众，领导群众进行日常的政治经济斗争。听了以后，深感党中央的报告真是说到了自己的心坎上。7月6日，在职工问题讨论中，我简要谈了满洲职工运动的情况。我认为，满洲的职工运动，是全国工人运动很重要的一部分。东三省有许多大工厂、铁路和矿山，产业工人至少有50余万。像这样聚集了广大的产业工人的地区，如果我们党不注意它，把它放弃了，实在可惜。

东三省过去的职工运动之所以没有成绩可言，是因为我们党没有领导广大群众进行经济斗争。虽然小的斗争是有的。过去有行会性质工会的组织，现在连这样的工会也没有了。这是由于日本帝国主义的残酷压迫以及我们党不太注意满洲的职工运动所造成的。

从前党只注意南方如湖南、湖北、广东等省的工作，以为把南方工作做好了，可以进行北伐。其实这是机会主义的观点。当然我并不是反对党注意南方各省的工作，我只是希望大会同样地关注满洲的职工运动。

我还介绍了当时满洲各地职工运动的情况：（一）大连。大连是日本帝国主义侵略中国的策源地，有产业工人四万多人。大连过去有过共产党和工会的组织，当上海和广东的工人运动进行得轰轰烈烈的时候，在北方党和工会指导下的大连工人也开展了一些活动。现在的情形不同了，由于日本帝国主义的压迫，我们北方所有的组织——党和工会都被破坏了（过去北方的组织，先有工会，后有党的组织）。这表现在三个时期：在1926年福纺纱厂大罢工时，我们党指导下的工会，援助罢工工人，结果使资本家让步。但是党也受了部分损失，工会许多干部人才被捕。第二时期，经过第一时期工会的打击后，我们党领导工人重新恢复了工会的组织（1927年7月），但是又遭到更大的镇压，工会被封闭，工人被逮捕，党的组织被破坏。第三时期，1928年1月，党的组织重新恢复。但在五一劳动节的活动中，工人被捕四五十人，党组织可以说是没有了。不仅大连如此，从大连到长春的工会和党组织也受到摧残。（二）鞍山。鞍山工厂里的工人，一半是中国人，一半是日本人，共约几千人，工作非常艰辛。（三）抚顺。抚顺的煤矿有千台以上的机器，四万多名工人。他们受到的压迫非常厉害，甚至受到警察督视。由于现实的压迫，这些工人比较容易接受我们的宣传。（四）本溪。产业工人的数目不清楚，但他们曾进行过斗争。这里的工厂是中日合办的，1927年因与奉系军阀发生冲突，日本打死了20个工人，工人们自发地举行罢工。（五）奉天。工人有七万多名，都是没有组织的。他们很信仰张大帅，但我们党始终没有去做工作。这些工人月薪仅有三四百万奉票，抵不过十几块现洋，生活非常困苦。他们也曾有过反对日本建立领事馆的示威游行，后来被张作霖镇压了下去。这些工人其实是可以接受我们的宣传的。（六）哈尔滨。因为苏联的原因，哈尔滨铁路工人的生活是很好的，月薪在80元以上。但把这些工人组织起来并不容易。他们完全不懂得他们生活的好处，是苏联工人专政的原因。由于这些工人之上由管帮负责，管帮不允许我们去做工作。苏联将余款分给工人，遭到张作霖的反对，对于这一点，工人们并不知情。现在哈尔滨还有其他产业工人的组织。

在发言的结尾，我又再次地希望大会特别注意满洲的职工运动。

为了帮助我们这些工农出身的代表更好地消化理解六大精神，中央领导同志不仅主持会议、作报告，还亲自给我们辅导。开会的20多天时间里，我受到了参加革命以来从没受到过的教育，也更增添了会后做好革命工作的信心。

大会闭幕前，选举了中共中央委员和候补委员，我荣幸地当选为中共中央候补委员。

7月11日，六大会议结束。此时，共产国际第六次代表大会也于17日在莫斯科召开。应共产国际邀请，中国部分代表留下，继续参加共产国际会议，我是其中一个。我们留下的二十几人，住进了莫斯科国际旅馆。会议是在共产国际工会大楼里召开的，中共代表苏兆征致了开幕词。这次会议大约开了一个半月。会后还组织代表进行了参观访问。我和苏联、意大利、德国等代表10余人分在一个小组里，参观了乌克兰的农业区。参观结束后。经海参崴返回中国。

这时，周恩来也从苏联回国。路经奉天时，他向满洲省委作了传达六大决议精神的报告。他在报告中阐明了中国革命的性质和革命的基本任务，指出当前的革命形势不是高潮，而是处于两个高潮之间；党的总任务不是进攻和普遍组织武装起义，而是积蓄力量，争取群众，准备新的高潮。他指出在政治上既要反对右倾机会主义，又要反对"左"倾盲动主义，而且"左"倾盲动主义是党内的主要危险。周恩来的报告为满洲省委的工作指明了正确的方向，为即将召开的满洲省委党代会奠定了思想基础。

1928年9月，中共满洲省委召开第三次代表大会，我们几个参加六大的代表向与会人员传达了六大精神。……

满洲省委第三次代表大会以后，由于贯彻执行了六大的方针政策，克服了过去急于组织暴动的盲动主义错误，省委努力于工农运动和反日运动的领导，加强党的宣传工作和对内部的训练工作，使各方面工作有了转机，满洲工作开始了新的局面。

同年12月，为进一步贯彻六大精神，总结省委第三次代表大会以来的工作，满洲省委在奉天大东门外黄土坑附近党员牛思玉家召开会议。正在进行中，突然冲进十几个警察包围了会场。除一人脱险外，省委书记陈为人等13人被捕。中共满洲省委遭到了严重破坏。

1929年夏，经党组织多方营救，我和被捕的同志一起出狱。之后，我又重新投入到满洲省委领导的工人运动之中。

（节录自《中共党史资料》第66辑，中共党史资料出版社1983年版）

出席党的六大和传达六大精神 /罗 明

1928年3月，福建省委接到中央通知，要求选派参加我党第六次全国代表大会的代表。福建省委选举我和印刷工人、省委委员许土淼为代表。共青团福建省委书记孟坚（孟用潜）作为共青团代表参加。

4月间，我和许土淼离开厦门到上海，在上海等了很久，然后取道大连到哈尔滨，在哈尔滨住了20多天，才由交通员带我们乘车去满洲里。下了火车后，改乘马车到中苏边境的一个山地，我们是晚上爬山过边界的。事先，交通员提醒我们不要咳嗽，而当时许土淼患肺病，咳得很厉害，过边界时，只好捂住嘴。

到达苏联境内的火车站，我们见到了李富春、蔡和森等同志，大家一起乘火车于同年6月初抵莫斯科。孟坚是从另一个地方越过边界，经海参崴到达莫斯科的。当时莫斯科的生活条件很差，物质供应缺乏，连香烟、火柴都买不到。

党的六大是在莫斯科郊外一个原庄园主的房子（像是别墅）里举行的。6月17日，召集了各代表团书记联席会议。我是福建代表团书记，参加了这次会议。会议由周恩来同志主持，通过了中央临时政治局提出的主席团名单和大会秘书长、副秘书长名单，以及代表资格审查委员会委员和主席的名单等。

6月18日，代表大会正式召开，会议由向忠发主持。我记得参加大会开幕式的，除我党来自各地的代表外，还有共产国际、少共国际、赤色职工国际和苏联党的代表。开幕式后，布哈林代表共产国际作了报告。他的发言稿经斯大林同志看过。大会对他的报告进行了讨论。中央政治报告是由瞿秋白同志作的。记得周恩来同志在大会上作了两个报告：一是组织问题报告；一是军事问题报告。在报告中，周恩来提到毛泽东在井冈山搞游击战争很有成绩，它代表今后中国革命的道路与方向。

六大大会主席团下设了好几个委员会。我参加了政治委员会。除政治委员会外，还有组织委员会、职工运动委员会、农民土地问题委员会、宣传委员会、妇女运动委员会和财政审查委员会。

大会对每个代表编有代号，我是18号。

大会从6月21日起对瞿秋白代表第五届中央委员会作的中央政治报告进行讨论。6月25日，我在讨论会上作了发言，讲了四个问题，主要内容是：

罗明

第一，谈到福建党由于历史短，得到上级党的指导和帮助又少，如1927年从3月到8月，中间有六个月与上级失了联系，所以力量薄弱，工作幼稚，在对国民党工作、改造党的工作、组织暴动和军事运动、反帝运动等方面都有错误。

第二，谈到对中央策略的意见。八七会议以前，对中央机会主义的策略，福建同志是一致反对的。八七会议以后，中央的暴动策略是对的，但对策略的应用没有明白的指示，所以福建党部在执行此策略时有错误。

第三，向大会介绍了福建工人、农民、兵士的斗争情况。谈到白色恐怖厉害，秘密工会和党的支部极难发展，工人斗争成绩少。而农会及党在农村中的组织甚易发展，在农村很容易由小的斗争转变到武装斗争。

第四，对今后策略的意见。

关于中国革命的性质、阶段问题，我同意布哈林同志的意见。

关于革命的高潮与低落问题，我认为应把"现在已经高涨"与"可以高涨"两层分别清楚。根据福建的情形看：(1) 统治阶级矛盾很多，在政治上和经济上都不稳定。(2) 改良主义不能实现。因而可以断定革命的潮流不久便可以高涨，不过究竟到什么时候高涨，高涨的程度如何，那就要看我们的主观力量而定。

政治报告的讨论将要结束时，大会主席团决定，在政治委员会之下再设一个小委员会，即广州暴动问题委员会，由41人组成，我参加了这个委员会。后来，大会决定把12月11日作为广州暴动纪念日。

周恩来同志向大会作的组织报告，详细地讲了各地党组织状况，其中提到福建省已建立了两个市委（福州、厦门）、12个县委和六个特别支部。党员人数共计1800人。

大会的最后两项是通过决议案和选举党的第六届中央委员会。7月11日举行闭幕式。大会讲到形势和任务时指出，中国的社会性质仍然是半殖民地半封建社会，中国革命现阶段的性质是资产阶级民主革命，当前的革命形势是处在两个革命高潮之间，党的任务不是进攻，不是组织起义，而是争取群众，准备新的革命高潮的到来。大会批判了"左"、右倾机会主义，并发布了反帝反封建，实行土地革命，建立工农民主专政的十大纲领。

六大召开前后，代表们曾到苏联各地参观。不幸的是许土淼同志因患肺病，苏联天气又较冷，到莫斯科后病情加重，会议期间送高加索医治无效病故。

六大结束时，周恩来同志找我谈了一次话，问我愿不愿意留在苏联学习。我考虑了一下回答：福建只来了两个党的代表，现只剩我一个人了，我应回去传达六大精神，执行六大决议。另外，南昌起义后，你（指周恩来）到上杭时给我们留下好几十支枪，让我们在闽西发动群众搞武装斗争，这事我已经布置好了，要回去把武装斗争搞起来。我本人是愿意留下来学习的，但是，回去打游击也是学习。周恩来同志听后说：好，你回去吧。

大会后，福建派去参加六大的青年团代表孟坚调到东北地区工作。这就更加重了我回福建传达贯彻六大精神的任务。

六大结束后，我和浙江代表一起经海参崴回国。先到上海，在上海听中央秘书处的同志讲，郑超麟（福建人，留法学生，当时编辑《向导》，是陈独秀右倾投降主义的拥护者）在我去参加六大以后，以中央特派员的身份，在福建召开省代表会议，改选了省委，由刘谦初任省委书记。有人还提出要撤销我的六大代表资格，认为我对平和暴动的意义估计不足，却又发动进攻县城，认为我这个观点是犯右倾错误。郑超麟同意了这个意见，并报告了中央和六大秘书长周恩来同志。这样我才联想到为什么周恩来同志要征求我的意见，是否愿意留在莫斯科学习。得知这一情况后，我便问负责与我接头的同志，现在安排我去哪里工作，他说，你还是回福建传达六大精神。

大约10月间，交通带我回到福州。这时，福建省委机关已经从厦门搬到福州，刘谦初当时也在福州。邱泮林调任福州市委书记。省委便在福州召开了扩大会议，由我传达六大精神。因文件未到，我凭记忆作口头传达。传达时由一个同志作记录，然后油印出来，发给大家学习。省委还按照六大精神讨论了暴动过的地区进一步开展游击战争的问题，并作了部署。

随后，根据省委决定，我到厦门传达后又前往闽西传达。我和共青团福建省委书记陈柏生一起，由交通员带路，先到永定。在永定的合溪，闽西特委召开了扩大会议，闽西特委负责人邓子恢、张鼎丞和郭滴人以及各县的负责人参加了会议，由我传达六大精神。当时大家提出了许多问题，如大革命是不是失败了，开展游击战争对不对，有没有前途等。我便根据六大的决议，着重讲了中国革命正处在两个革命高潮之间的政治形势，讲了党的任务是争取群众，积蓄力量，开展游击战争，实行土地革命，争取革命高潮的到来。大家很受鼓舞，克服了少数同志在困难中产生的一些消极思想和情绪。接着，在永定坎市附近的特委机关，闽西特委书记郭伯屏，组织部长李西挺以及邓子恢、张鼎丞等同志又开了特委会议，研究贯彻六大精神的具体部署。会后，我和邓子恢去龙岩游击区，再往上杭。

在上杭，听到闽西特委机关遭受破坏的消息，特委的李西挺、曾甲两位委员和工作人员范炳元同志被害。特委书记郭伯屏隐蔽在草堆里，未被发现，才幸免于难。这时他也来到上杭。据说被杀害的两位同志中有一个很像我，上杭的同志以为我也遭不幸，当他们见我还活着都很高兴。随即召开县委扩大会议，由我作传达。

不久闽西特委机关搬至上杭，由邓子恢任书记，郭伯屏去苏联学习。

离开上杭，我又赶往长汀。从上杭至长汀有二百里路程。因没有交通员带路，只是指明先乘船到官庄，然后顺电杆走。我只好一个人沿电线杆的方向往前走，走到长桥峡的山谷地带，看不到电线杆了，只好跟挑商货的挑夫相伴而行。正走到山间，突然山上响起了枪声，商人和挑担工向前猛跑，我没来得及考虑如何应付，棍子已从背后打来，手拿的纸伞破了，手中的包裹和身上的衣服全被抢夺一光，只穿着内衣和内裤。我向他们要衬衣，结果又遭一顿打。这些歹徒都用布蒙着脸，并威胁不许抬头看他们，否则就打。他们以为我是商人，要抢我上山，我说我是教书的，他们才罢休。同行的挑夫，他们熟悉地形，听到枪声。丢掉担子早已逃走了。我只得一个人穿着内衣内裤，忍受寒冷和饥饿，艰难地走到了长桥峡墟场，很多人都瞧着我。当时有一位50岁左右的贫苦妇女，见到我这狼狈样子，又听我说遇土匪被抢劫后，十分同情，当即送了一件破旧长衣和一碗稀粥饭给我，才使我稍解饥饿和寒冷。接着碰到一个老人带一个孙子挑着一担东西，他们知道我被人抢了，身无分文，就让我替他们挑担到河田，给我住宿和吃饭的钱。黄昏时，到达河田，那位老人给客栈六个铜板，又给我六个铜板吃稀饭，但客栈却叫我睡在露天破屋草地上。次日黄昏，我到达了长汀，找到了联络地点，那是一间小学。我敲门后出来一个工人，看我一下，立即把门关了，再敲就无人应。我大声说，我是替学校送电报来的，那位工人才又开门。该学校校长段奋夫是党组织负责人，也出来问什么电报，当时他见到我这种模样十分怀疑，后来，我轻声告诉他，我姓罗，有事来此，他听后十分高兴，立即将我请到学校里。他叫我进去洗澡换衣，我说明来意之后，他又让我休息。这位校长已收到上杭联支的信，他对我甚为照顾。第二天，到另一地方开党支部会，我在会上传达了六大的精神，到会的有段奋夫、黄亚光、张赤男、毛钟鸣、罗化成等10多个党员。听传达后，大家讨论了发动农民斗争的问题。我说军阀郭凤鸣强迫农民开公路，沿路上许多农民拖儿带女，住在路旁，饥寒交迫，要使农民得到解放，就要发动农民起来斗争。

约在1929年春节前后，我从长汀回到上杭，与组织联系后经广东湖安、汕头，乘船到达厦门。此时，刘谦初已调到其他省工作，省委书记的职务仍由我担任。

从后来闽西革命形势发展的情况来看，六大精神的传达起了良好的推动作用。闽西各地党组织发展游击战争，深入进行土地革命，为革命根据地的建立创造了极为有利的条件。

（节录自《罗明回忆录》，福建人民出版社1991年版）

共产国际对中共六大的指导 /周恩来

当时无论从莫斯科中山大学或从西欧回来的同志又都轻视理论，所以对革命的性质问题搞不清。在今天看来是很幼稚的问题，但在当时却是严重问题。共产国际第九次执行委员会扩大会议的精神刚传到中国，我们都去出席“六大”。开会之前，斯大林同志找我们谈话。他主要谈两个问题，一个是中国革命的性质，一个是革命的高潮与低潮。他指出，中国革命是资产阶级民主革命，不是“不断革命”，也不是社会主义革命，并以俄国的二月革命为例说明。这样，我们才懂了。……另外，有一个中国革命非资本主义前途的问题，在共产国际也发生了争论。……罗米那兹认为中国是“不断革命”，说中国是民主革命，但一直发展下去就是社会主义革命。他说广州时期是四个阶级联合，武汉时期是三个阶级联合，南昌起义时只有工农，是两个阶级，中间不经任何停留，不经任何阶段，一直发展下去，就是社会主义革命。这是与托派调和的论调，实质上是托派的观点。一九二七年十一月中央扩大会议接受了这种观点，认为当时虽不是社会主义革命，但一直发展下去就是社会主义革命。罗米那兹的意见，在我们党员中间是有影响的。

……

关于对革命形势的估计问题，当时有过争论。中国代表曾争论到斯大林同志面前。斯大林同志说，现在的形势不是高潮，是低潮。李立三同志则说，现在还是高潮，因为各地还存在工人、农民的斗争。斯大林同志说，在低潮时也有几个浪花。

关于土地问题，当时也争论得很厉害。有人以为蒋介石也可能在中国实行俄国斯托雷平式的土地政策。斯大林同志指出，中国不可能实行斯托雷平式的土地政策，因为蒋介石是依靠帝国主义、勾结封建势力的，他不可能实行这种改良的土地政策。

……

"六大"是直接在共产国际领导下召开的，今天对它应有个分析。我上面说的"六大"正确的地方，主要是斯大林同志的影响。这里有两点证明：一是一九二八年二月间共产国际第九次执行委员会扩大会议关于中国问题的决议，是经过斯大林同志看过、改过的，它成了"六大"的基本根据。主要的问题都是这个决议上有的，如革命的性质、动力等。二是斯大林同志在"六大"前夜曾和中国党的几个负责人谈话，具体地解释了革命性质与革命形势这两个问题。

当时在"六大"做实际工作和做报告的是布哈林、米夫等人。布哈林是共产国际书记，米夫是共产国际东方部副部长，他们对"六大"当然也会有影响。如布哈林在大会上做报告骂张国焘和瞿秋白同志，说他们是大知识分子，要让工人干部来代替他们，这是一。二、布哈林对中国苏维埃、红军运动的估计是悲观的。他认为只能分散存在，如果集中，则会妨害老百姓利益，会把他们最后一只老母鸡吃掉，老百姓是不会满意的。他要高级干部离开红军，比方说，要调朱德、毛泽东同志去学习。所以我们回国后就指示要调朱德、毛泽东同志离开红军。朱德、毛泽东同志不同意。后来蒋桂战争起来了，我们觉得红军有可能发展，就作罢了，但没有认识到这种调动是错误的。三、至于对中国富农的问题，布哈林在苏联对富农问题虽然犯了错误，但是"六大"对农民问题的决议强调了富农的封建性，又说不要故意加紧反对富农，所以没有多大坏的影响。

“六大”决议是瞿秋白同志起草的，米夫、布哈林都修改过，拿回来后秋白同志又改过。米夫的作用在这里还不大。他起的主要作用是：一、散布了一些对中国党负责人轻视、不相信的话，有影响。在“六大”筹备选举时，他在筹备选举的委员会中说过，中国党负责人理论上很弱，现在有些较强的同志如王明、沈泽民等，暗示可以提拔他们参加中央。当然，当时是没有什么人理他的（后来传出去说，米夫要提他们当中央委员），可是这种说法却起了影响，造成了东方大学等校学生对党的负责人轻视，以致后来发生了反中共驻共产国际代表团的斗争。二、造成了工学界限。例如他对向忠发极力地捧，利用他放炮，要他反“江浙同乡会”等。在“六大”会后，有的代表没有走，还召集了几个报告会，王明还报告了反“江浙同乡会”的斗争。一般地说，代表们对米夫印象不好。三、在组织上起了些作用，但不是主要的。例如，在“六大”工作人员的人选上，东方部的人员多，这是有宗派的意味的。

（节录自《周恩来选集》上卷，人民出版社1980年版，题目为编者后加）

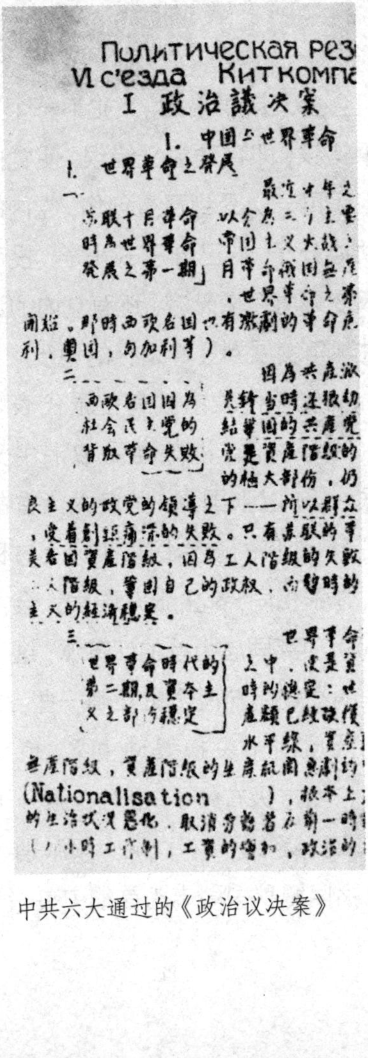
Политическая резо
VI с'езда Киткомпа
I 政治議决案
1. 中国与世界革命
1. 世界革命之發展
(Nationalisation

中共六大通过的《政治议决案》

在六大上

/李立三

(1928年4月底) 我们接到中央关于召开中共六大的通知，由省委扩大会议推选大会代表。我当选为代表团书记，尔后赴莫斯科参加六大的工作。

六大召开时，正是中国共产党处于危机的时期。1925—1927年大革命遭到惨败。帝国主义、封建主义和资产阶级虽也有内部矛盾，但能组成联盟，给无产阶级和农民阶级以沉重打击，歼灭了共产党很大一部分干部。白色恐怖笼罩全国，共产党和革命的工会组织被迫转入地下，部分地区的农民游击队运动虽继续发展，但极为分散，苏维埃运动还处于萌芽状态，这是一方面的情况。另一方面，党的领导继机会主义错误之后，又犯下一个严重错误，即盲动主义错误，使党的组织再一次受到严重创伤。党内的动摇分子、异己分子开小差、投敌叛变之事有增无减，还有党内的派性斗争发展到登峰造极的地步。

大会代表中就有各派代表：(1) 极右派，即陈独秀取消主义派；(2) 以张国焘、罗章龙为首的右派，他们的政治纲领实际上与极右分子相同，都主张开国民大会；(3) 项英同志为首的江苏派，这一派的立场比前两个更正确一些，他们既反对中央搞暴动主义，也反对陈独秀极右分子，但对右派分子采取妥协立场；(4)“左”倾派别，包括以瞿秋白同志为首的中央，得到广东代表团和共青团代表团的支持。前三个派别联合起来反对中央，中央又反过来反对他们。这就是六大期间党内出现的严重情况。

我是最后一批来开会的代表之一。此时，我赞同瞿秋白同志的错误观点，认为革命形势仍在不断高涨，不愿接受革命失败的局面，因此自然要搞盲动主义、不断组织起义等等。所以在预备会上我完全支持了瞿秋白同志，不承认自己犯有盲动主义错误。

大会开幕的前两天，斯大林同志来找我们，和政治局委员进行了长时间的谈话。斯大林同志像一位经验丰富的老师，用通俗易懂的语言向我们解释了极为复杂的政治问题，从政治形势和党的任务一直谈到斗争方式和工作方法等问题，苦口婆心地让我们理解盲动主义错在哪里。他说，所有运动中都有涨潮和退潮，革命中同样既有高潮、也有低潮，自从帝国主义在南京开枪以来，中国革命已开始退潮，蒋介石的叛变和对上海工人的屠杀是中国革命的局部失败，武汉国民党左派的叛变是对革命工农的一次沉重打击，而广州起义已是革命退却中的一次后卫战。中国的新的革命高潮一定会在近期出现，因为引起中国革命的重大矛盾没有一个得到解决，但眼前我们还看不到新的高潮，我们还处于革命运动的退潮和低潮之中。他强调说，不善于冷静地分析形势、不愿意承认失败，这不是马克思主义者的素质。真正的马克思主义者不但善于适当地进攻，也善于适当地退却，善于适应形势的变化，善于改变斗争的战术、口号及方式。他说，在目前形势下，武装起义的口号应改为争取群众的口号，以便积蓄力量来迎接新的革命高潮。他强调指出，不能把起义当成游戏，拿起义作游戏定会害死革命的；工会运动中应彻底根除恐怖主义的斗争方法，因为这是有害于革命的；应解决反对强制性罢工，只有说服群众相信党所引导的道路是正确的、得到群众的完全信任之后才能领导运动。最后，斯大林同志谈到党内形势时指出，必须坚决反对盲动主义，也不要忽视右倾的危险、忽视机会主义残余的重新抬头，只有坚持在两条战线上作战，中国共产党才能成功地使自己的队伍布什维克化；为了成功地领导革命，应该加强马列主义教育，中国共产党应该有自己的几十名真正的理论家，善于在中国的条件下实施马列主义原则。这就是我记忆中斯大林同志的谈话内容，很可能表达得不十分准确。

斯大林同志这一具有历史意义的谈话对中共六大起了指导作用，不仅为党的总路线、也为党的方针政策等各个重要问题都指明了方向，成为六大各项决议的基础。

……

然而，遗憾的是我没有深刻理解斯大林同志的谈话，否则我后来在1930年革命运动重新高涨时可能不至于犯下我最大的政治错误。我的错误在很大程度上是盲动主义方针的再现，给党和中国革命再一次造成了很大的危害。

大会期间讨论瞿秋白同志的报告时，我发言批判了盲动主义错误，承认自己在广东工作期间基本上执行了盲动主义方针，应该对此负责。同时，我对右倾倾向，特别是对陈独秀取消派也进行了批判。

接着，我在大会上作了有关土地问题的报告，但是我对土地问题的理论研究是在大会准备过程中才开始的，因此报告内容虽然基本上是正确的，却未能深入地揭示问题。

会上，我当选为中央委员，尔后在中央全会上被选为政治局候补委员。这次中央全会还决定让两名政治局委员（瞿秋白和张国焘）留在莫斯科担任党中央驻共产国际代表，因此我不经选举升为政治局委员和中央书记处成员。

大会结束后，我根据共产国际决定立即回到中国。

（节录自中共中央党史研究室第一研究部编：《李立三百年诞辰纪念集》，中共党史出版社1999年版）

亲历中共六大 /黄 平

到了一九二八年五六月间，中央通知我去莫斯科参加“六大”，并且说我是共产国际的特约代表。据我的理解，所谓特约代表就是共产国际觉得应当参加会议而又怕中共中央不把他们派来的一些人。我在东大和广州工作期间认识许多俄国军政人员，他们对我的印象很好。这大概是特约我的理由。

我奉中央之命带了三位香港海员同志一起走。我们是乘日本船到大连。同去的有杨殷，但是我们装着不认识。我们坐的是统舱。舱里有一对日本夫妇，带着一个小孩。男的把一张张大幅日本春宫放在地上看，中国乘客也围上来看，那个日本女人在旁满不介意。

船快到大连时，日本警察盘问杨殷。杨殷说他是做药材生意的，并打开手提箱，拿出一些药丸样品给他们看。警察就走开了。

我们从大连乘火车到哈尔滨。在那里接上了关系，并得知在满洲里怎样过境的办法。我们在哈尔滨住了两三天，就和杨殷一起乘火车到满洲里。在车站附近找到了一辆俄国人赶的某某号码的马车。我们做出接头暗号，坐上马车。他就带我们跑了一个很大的半圆圈进入苏联境内，转乘火车到赤塔。在赤塔又住了几天，苏联有关部门来查我们：是否带有私货，没有发现什么就走了。住了约一星期，我们乘火车到莫斯科。其他代表大概都是走这条路线，不知道有没有人走海参崴那条线。这次大量代表能安全到达莫斯科，后来又能安全回国，可见苏联工作人员的责任性和精密的组织工作。我所知道的唯一危险险些发生在周恩来同志身上。

当时恩来同志和邓颖超同志一起，同我们一样乘日本轮船到大连。不料船在大连一靠码头，日本警察便把他们带到港口警察所。一名日本警官一开口就对恩来同志说："你是周恩来。"当时共产党员要混过警察的一般盘问是不太难的，但是敌人竟然能正确无误地立即说出你的姓名，这是不常有的。而在这种情况下你能镇定自若，一点不慌张，那还要难上加难。这时候只要你有一点点惊慌的表露，马上就完蛋了。当时面对这危急情况，恩来和邓颖超都毫无惊慌的表情。恩来冷静回答说，他是古玩商，并不是什么周恩来，警官盘问不出什么名堂，只得把他们二人放了，但是暗中继续派人盯梢。于是恩来夫妇二人拜访了一个在南满铁路任职的老同乡，想借此甩掉尾巴。之后，他们便乘火车离开大连，前往长春去恩来伯父的家。在火车上有一个对面位子上的乘客同恩来寒暄，恩来早已看出这是日本警察局派来的特务，但是仍然沉着自然地与他打交道，自称古玩商。而那个特务也熟悉古玩，多方盘问，可他并没有考住恩来，找不出什么破绽。临别时，特务拿出自己的一张名片，要求与恩来交换名片。恩来没有名片，共产党人谁有名片呢？但当时作为一个商人，这却是不合常情的事。由此可见，不管准备工作事先考虑得多么周到，还难免会有所疏忽，也会碰到意想不到的情况。怎么办呢？在这种场合不能慌张，而要机智。恩来这时随口说好、好。一面假装到口袋里去掏名片，实际上是摸不出来的。然后他说："我的名片大概放在箱子里了。"说着就装着要脱鞋爬上座位，似乎打算从行李架子上把箱子拿下来。此时特务便说不必了。恩来表示一下歉意，就此了事。其实箱子里也根本就没有名片呀！

恩来去伯父家，也是为了甩掉尾巴。恩来的伯父是旧派人物，所以进门一切都要按旧礼教办事。邓颖超一见伯伯只得按旧习请安。大概逗留一二天，知道确实没有人跟踪，乘火车经过哈尔滨到满洲里。

这件事是共产国际东方部的一位匈牙利籍工作人员告诉我的。这人名叫马基亚尔，他以十分钦佩的口吻向我谈起这件事。

共产国际把我送到莫斯科郊区一个休养所休息，但是不到几天就派汽车来把我接回去。汽车回到市区，就在一条小街上的一处房子前停下来了。司机带我到二楼一个房间，房间是非常大的。房门对面墙边摆着一张大型会议桌。斯大林对门而坐，他很谦虚，没有坐在桌首。他的左边坐着周恩来、瞿秋白、邓中夏、苏兆征、米夫和陈绍禹等人。谈话好像结束了。我就坐在斯大林正对面。我用俄语不记得说了一句什么话。斯大林接着就对我说：中国革命的性质是农民战争。中国共产党的成绩大小要取决于它在领导这场战争中能够组织多少听它指挥的武装力量。过了片刻，斯大林就告辞了。我没有问其他同志，斯大林讲了些什么。可能他对我说的那句话就是他讲话的主题。斯大林的这句话一直留在我的脑海中。我认为当时真正懂得中国革命的人只有斯大林和毛泽东。

斯大林当天穿一身士兵军服，一双肥大笨重的粗牛皮靴子，肩上和帽上都没有级别与兵种的标志，穿得像一个复员的农民。后来在几次联共主席团扩大会议上，我看见他还是穿这样的军服，恐怕一直穿到他当统帅为止。

不久，我们就搬到离莫斯科几十里之处，那里是“六大”的会址。大小二层楼的屋子有好几幢，大概原是旧地主的大庄园。除了服务员之外，没有看见农民走过。大概周围已经警戒好了，以防间谍得到消息。我被指定做接待工作，但是我当时神经非常衰弱，工作没有做好，大会上的事都听不进去。我只记得大会是米夫主持的。共产国际总书记布哈林曾来过几次。休息时他同我们一起打排球。我摸摸他的双肩，肌肉非常结实。他说，我们老革命家都是这样，列宁更是结实。

大会后，派了二十人参加共产国际第六次大会。其中有周恩来、邓颖超、蔡畅、瞿秋白、杨之华、邓中夏、苏兆征、余飞、黄平等，大概也有张国焘。我在大会发言，走上主席台，说了一句话就走下来了，因为我把我的说话完全忘记了。

（节录自黄平：《往事回忆》，人民出版社1981年版，题目为编者后加）

忆中共六大 /张国焘

在大会举行前三五天的一个晚上，共产国际主席布哈林率领共产国际中国部长米夫等和中山大学学生陈绍禹等，共十余人突然来到，布哈林要求举行一次预备会议，听取我们的意见。于是我们已经到达的约二十余位代表，便和布哈林他们共同聚集在一间小会议室内开始会谈。室内仅有一张长桌，四周摆了一列椅凳，我们大家挤在一块，有的坐着，有的只能靠墙站着。

布哈林首先说，请反对共产国际的人先发言。瞿秋白、陈绍禹等人立即附和着布哈林说：那就请张国焘同志先发言吧！其他的人，也都表示赞成，并向我催促。北京代表王仲一赞成我发表批评中央政策的意见，但对任意强加我以反共产国际的头衔一点，表示抗议。我于是站起来发表演说，包括翻译的时间在内，花了约三个钟头。布哈林没有再要求第二个人发言，预备会议就结束了。以后也没有再举行。

我这次演说的全文，自然无法全部记忆，但主要论点我还是记得很清楚。我从反共产国际这一点说起，没有否认我对共产国际领导的不满。更进而表示：在我看来，中共领导的错误，不在于反共产国际，亦不在于违反共产国际的指示，恰恰相反，是太过于倚赖共产国际。年轻的中共，它的领导者不待说是缺乏经验的。我们服从共产国际的指示，认为是下级服从上级的应有义务，我们信仰共产国际，认为共产国际的老革命家比我们见多识广；每当我们的看法与共产国际的指示发生参差的时候，我们总以为自己不过是一些学生，对于自己的见解，不敢自信，而认为共产国际的指示必然深谋远虑。因此，也就牺牲自己的主张，来迁就共产国际的指示。甚至，对于共产国际代表的任何指示，也奉若神明，无不言听计从。这种情形，简直已经到了迷信共产国际的程度，这就是事态的真相。

……

我又根据事实，批评瞿秋白中央儿戏暴动；把过去一切，不分青红皂白，都当做机会主义来掩饰种种可笑的行为，反自诩现在的中央是布尔什维克的暴动指挥部。因此，我讥笑瞿秋白中央，它何曾是暴动指挥部，只不过是不高明的“暴动编辑部”而已。

接着，我申述对中共中央政策的看法，指出在暴动条件尚未具备的情形之下，不能任意暴动，而应争取群众，扩大自己的实力。又由于现在白色恐怖十分严重，更不应有轻率冒险行动，而应保全实力。可是，中央的方针恰恰相反，不注重团集革命势力，只图急功，不断暴动，即在广州暴动严重失败之后，仍认为革命潮流在继续高涨，制定两湖暴动计划，坚持继续不断的暴动，这简直等于自杀。

我认为争取群众的机会很多。并着重指出今年五月三日，济南惨案发生，激起了全国性的反日浪潮，瞿秋白中央竟认为这种反日运动，会帮助国民党和蒋介石，因而采取消极态度。虽然我和上海的同志曾表示异议，要求中央领导反日的群众运动，但中央仍置之不理；这简直是放弃争取群众的机会。中央似认为实现土地革命的暴动，才是主要的工作，但对反日反帝国主义则不予重视。可是，我要问我们什么时候取消了这个反帝的根本任务。在我看来，反日并不会帮助蒋介石，恰恰相反，不仅可以将群众团集在中共反帝旗帜的周围，也可以打击压抑反帝运动的蒋介石。

我说到这里，布哈林皱皱眉，摇摇头，惊叹着说：原来是怎样的！你先从这里说起就好了。我接着表示，故事还多得很，我只能说个大概。工人的经济斗争与政治斗争相结合，原是我们久已适用的原则；但瞿秋白中央却否定了工人的经济斗争和日常组织工作的重要性。在农运方面也是一样，只希望农民武装，攻城掠地，夺取一省或数省的表面胜利，忽视农民的组织和各种程度的经济要求。至于中共本身则已沦为支离破碎之局，我们除了遭受敌人的肉体摧残外，又遭受中央错误政策的蹂躏。现在中央为了推行它的错误政策，实施强迫命令和惩罚手段，因而党内滋生一种离心的倾向，党内民主也已不存在了。

我陈述了这些意见之后，更坦率指出瞿秋白中央犯了严重的盲动主义错误；我虽屡次提出建议，企图纠正，但均为瞿秋白所拒绝；因而我曾十分愤慨，准备采取行动，反抗这种错误政策，直到共产国际直接邀请我来参加这次的大会，我才决定停止反抗，到这里来陈述自己的意见。我也并不想算旧账，而是希望错误能获得纠正，并规划出今后所应采取的路线。我记得在这篇演说的末尾，我曾说："这就是我这个被指为反共产国际的人的真实意见。"

我这篇演说，虽没有预先拟好底稿，确是理直气壮一气呵成的。所有到会者，无论赞成与否，都认为是一篇中共反对派的代表作。布哈林最后也曾表示所获甚丰，认为再无征求反对意见的必要了。

……

大会开幕以后，由布哈林向大会作主要报告，题目是"世界革命形势与中共的任务"。他在这篇冗长的报告中，花了很多时间答复我所提出的意见。他的这篇报告，成为这次大会政治决议的基础。他的种种表现给我和其他同志以深刻的印象，认为他有正直诚实的风度。

继布哈林之后，是瞿秋白作政治报告。他在报告中花了很多时间谈国共合作时期的故事。他批评陈独秀虽然赞成中共加入国民党的政策，但放弃领导权的争取，甘心做国民党的尾巴。又指我一贯反对中共加入国民党的政策，是不敢去和国民党争革命领导，同样是右倾机会主义。只有他自己自命能正确地遵从共产国际的指示，赞成加入国民党去积极争取中国国民革命的领导权。但他的论据，除了引证一些列宁的话以外，究竟不能指出若干显明的历史事实，来证明他的立场完全正确。而且他并没有着重表示如何改正盲动主义的错误和明确表示中共今后应取的方针，因此，他的报告曾引起多数代表的不满。

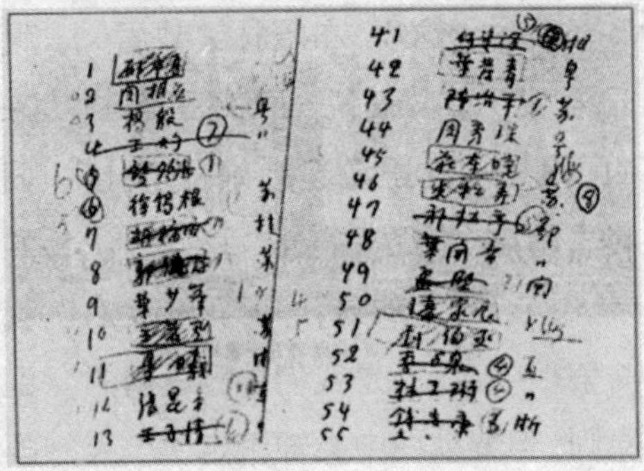

保存在中央档案馆的中共六大代表名单

大会讨论这些报告将告结束时，瞿秋白提出了各组审查委员会的名单，负审查各种报告和提案，以及起草决议之责，再提交大会批准。由于许多代表不满意他所提出来的名单，认为各名单中没有适当的包括反对方面的同志，曾爆发了激烈的争论，大会否决了他所提出的名单。这件事使瞿秋白认为是大会对他的不信任，因而退出会场，向共产国际求援。结果，共产国际派来四位年老资深的委员，半用压力半用调解的方式，才将名单予以适当的修改通过。

代表们在主张上，大致有这么一种分野，瞿秋白和他的少数追随者，坚持八七会议以后的中央路线是正确的。王若飞、汪泽恺这两位与陈独秀关系较密切的人物，严格批评瞿秋白所作所为都是错误的。在这两种极端主张之中，周恩来、李立三、邓中夏等，主张维持瞿秋白中央的领导，但须纠正错误，我和蔡和森、项英、罗章龙、王仲一等主张瞿秋白应彻底改正错误，才能继续在中央工作。

这次大会，在共产国际直接指导之下举行。布哈林等人，并不经常来参加，但担任中国部长的米夫，率领着土地问题专家沃林等人，却是每次会议都在座。米夫甚至以共产国际的名义，在那里施用压力。他曾约我恳谈，开门见山地向我说共产国际希望我和瞿秋白能化除成见，互相合作。我表示，只要瞿秋白能纠正错误，合作当无问题，他进而探询，是否这种合作带有勉强性质。我曾指着案上一个瓷茶杯说：就像这个茶杯，被打成几片，虽然可以补起来，究竟不如没有补的那么自然，也希望以后再不会有人将它打碎。米夫回答说，共产党的组织究竟不好比作一个茶杯，因为它是有机的东西，共产国际自信有力量领导中国同志，改正错误，并使他们团结合作，只要你答应，我就可以向共产国际报告我们中间已获得谅解。我觉得他的话含有强制的气味，因而表示我尊重共产国际的裁处。他似向瞿秋白也同样表示过，也收到同样的效果。

米夫的横加干涉似是过分了，也把事情弄糟了。我与瞿秋白之间的意见虽极参差，但经过争论，各自承认自己的缺点和错误和取决于多数，也许事情的解决要自然些。米夫似乎有一种印象，觉得机会主义、盲动主义以及共产国际或其代理人都错了，抑或这个或那个中共领导者错了，都不易弄得清楚，因而只有由共产国际来强制裁处。这样做的结果，显然会使争端的解决，不能达到水到渠成的顺利效果。各人都觉得受了委屈，而且会埋怨米夫的多事。因此在大会期内，我和瞿秋白双方都觉得米夫锋芒太露，有操纵中共的野心。

陈绍禹、沈泽民等在大会中的举动，也不利于米夫。这些中大学生被认为是米夫派，在大会里任翻译等工作。他们是后进同志，大多自命不凡。听了一些代表互相指摘的言论，不免对于原有领导人物，意存轻视。他们听了瞿秋白那种“半罐水”的马列理论，往往在那里暗中窃笑；觉得自己比他们的前辈懂得更多。对于有些代表，若干不能自圆其说的发言，他们又认为过于缺乏理论。他们表示既反对瞿秋白的盲动主义，也反对张国焘的机会主义；似乎今后党的重任要由他们来负担了。这一切的一切，都被认为米夫是在那里培养干部，来打击我们这些原有的领导人物。

向忠发在大会上的活动，也是令人侧目，这位在武汉时期任湖北全省总工会委员长的向忠发，于一九二七年武汉分裂后，来到莫斯科任驻共产国际的中共代表。他被共产国际视为中国无产阶级的象征，他也一切听从米夫的摆布。因此，他的身价与时俱增，也学会了一些马列主义的口头禅。在这次大会中，米夫与陈绍禹等，便将他当做一张王牌，来批评我们的错误。他也当仁不让地以陈独秀的继任者自居，摆出一副比陈独秀还要严厉的家长面孔，往往在大会中高声责骂这个或那个同志，三句话便不离"这是共产国际的正确路线"。其实，他并不是一个受人尊重的人，有点江湖气，与他共过事的李立三项英等，都知道他的底细，不免暗笑他的那种扮演。我们多数人总觉得他不能负起领导的重任，也讨厌他的"米夫味"，但因中共缺乏领导重心，而又没有其他适当的人来充当，只好暂时容忍。

这次大会虽有许多不协调的因素，但毕竟在共产国际强力领导下进行，不能没有冠冕堂皇的交代。因此决议倒是洋洋大观，也曾被人据以宣称是一次最有成效的大会。但细按那些决议的内容，有些地方混淆不清，首尾不能相顾，甚至埋下了一些暗礁。

……

大会另一个重要表演，是促进了党的团结云云。但这只是表面的文章。我们一致通过了新中央执行委员会的名单：除陈独秀因未到会落选外，中央委员包括向忠发、瞿秋白、张国焘、周恩来、李立三、蔡和森、项英、顾顺章、邓中夏、罗章龙、毛泽东、任弼时、卢福坦、陈潭秋、彭湃、蔡畅、王仲一等，尚有候补委员李维汉、罗登贤、王若飞、邓颖超、余飞等。

大会闭幕后，新中央执行委员

中共六大中央政治局常委（左起）：苏兆征、向忠发、项英、周恩来、蔡和森

会举行第一次会议，选举新的政治局：布哈林、米夫等人认为这是一件大事，都亲身出席参加。当组织新政治局议案提出时，有一位委员首先表示："应淘汰原有的政治局委员，另行选举新人参加。"他的理由是："旧有委员都犯有严重错误，而且彼此不和洽。"布哈林起而回答说：犯有严重错误的同志仍是党内最好的同志；除没有参加大会的人（按即指陈独秀），只好置之不论外，其余的都有资格参加政治局。他并且极诚恳地表示：如果没有原有政治局委员参加，或者没有反对过去中央的人参加，都不能组成一个有力的政治局。米夫跟着不加说明地就提出了一张七人的名单，即：向忠发、瞿秋白、张国焘、周恩来、蔡和森、李立三、项英等七人。这个名单就在各个委员不愿引起新的辩论的情形下，无异议地通过了。

米夫接着表示：这个新政治局的委员提名，是共产国际经过慎重考虑而决定的。现在既已通过，共产国际表示非常欣慰，按照中共的成规，中央委员和政治局委员的提名，应由上届中央政治局提供出来。这次由共产国际直接提出，当然含有否定瞿秋白中央的意义在内。米夫看见进行的情形颇为顺利，因而进一步提议说，共产国际认为最好由向忠发同志任书记，瞿秋白张国焘两同志留在莫斯科，任中共驻共产国际的代表，李立三同志任组织，蔡和森同志任宣传，周恩来同志任军事，项英同志任工运。米夫这个提议，也迅即获得一致通过。

（节录自张国焘：《我的回忆》第二册，东方出版社1998年版）

莫斯科中山大学学生参加中共六大工作 /秦曼云

到一九二八年五月底六月初，我被叫到秘书长波古里耶夫的办公室去。他给我们分发了一些中文文件，告诉我们把它们刻成蜡纸以便复印，他严厉警告我们不得让其他学生了解这些文件的内容，连我们来过他办公室这件事也不能让人知道。在给我们分发文件前，他们已经把文件拆成好多部分或者分成好多小段。我们有些人刻写前言，另一些人刻写结论，还有些人刻正文的各个部分。采用这种警戒办法是为了不让我们任何人了解全貌或文件的整个思想，因为不许我们交换分给我们的文件……这些神秘的文件不可能是学校的讲义，也不可能是我们党小组的讨论提纲。那时，谁都没想到，它们就是中共六大文件！这一神秘的工作持续了整整一周。然后有一天波古里耶夫个别告知我们去收拾行具。他对我们说：“明天你们要离开学校到另一个地方去，学校贮藏室今天为你们开放，你们把行李找好，挂上名牌，然后你们就别管了，行李会送给你们的。至于你们放在宿舍和教室的个人的东西，你们要原样留着，别动它们。你们所要做的，就是在你们想随身带走的东西做个记号……”当我们问他，是否要我们回中国去时，他犹豫了一会儿回答说：“你们现在不要问，到时候你们就明白了。”

莫斯科中山大学主楼

最后，他提醒我们不要露出一点要离开学校的迹象。

……

只是在我上了去车站的车子以后，我才第一次有机会看看这个小组都是些什么人。我们当中有李培之，她的学生证是中山大学的第一号。她是中共中央委员王若飞的夫人。还有陈绍禹的“爱人”孟庆树和陈昌浩的夫人杜作祥。男同学中有胡锡奎和瞿秋白的弟弟瞿景白等。

……

显然，我们坐的不是去西伯利亚的火车……我们下（火）车后，坐小汽车走了大约半小时，停在一座白色建筑物前面。我们一到那时，就遇见许多老相识，比如庄东晓，她是中山大学头一批学生之一，还有她的丈夫潘嘉辰，他是中山大学的翻译……

（节录自盛岳：《莫斯科中山大学和中国革命》，东方出版社2004年版，题目为编者后加）

中共六大的历史背景和准备工作 /李维汉

我们党在一九二八年四月基本结束瞿秋白盲动主义之后，面临着三种情况：

一是国民党新军阀在帝国主义和江浙财阀的支持下，加强了反动统治，使我们党的组织受到严重摧残。据粗略统计，从一九二七年三月至一九二八年六月，惨遭杀害的共产党员和革命群众竟达三十一二万人（周恩来《组织问题报告和结论》，一九二八年六月三十日）。工会、农会、学生团体等，都被打散或被打入地下。

二是革命力量逐渐恢复。我看过一九二八年六月三十日的《组织问题报告大纲》，这个材料说，自宁汉反动后至党的六大，我们党领导过的重要罢工约四十七次，参加罢工的群众有三十一万至三十四万多人。同时，我们党在农村中领导的暴动约有九十四次，参加斗争的群众有三十四万多人（两广的数字未计入）。其中，有二十六处成立了县苏维埃，三十一处成立了乡苏维埃。此外，还有许多自发斗争……在这些斗争中，特别是经过南昌起义、秋收起义和广州起义，开始建立我们党独立领导的人民军队和革命根据地，开创了“工农武装割据”的新局面。在这期间，党的组织也有了一定的恢复和发展。据统计，到召开六大时，全国共有省委十六个，南洋临委一个，特委三十七个，县委四百个，市委三十六个，区委四十一个，特支一百三十八个（见《（组织问题报告大纲》，一九二八年六月三十日）。党员人数已从第一次大革命失败后的一万多人上升到四万多人。这个数字是目前许多同志的一种估计。恩来在党的六次大会所作的《组织问题报告和结论》中说，全国党员人数为十三万零一百九十四人，但他同时指出十三万多人这是“夸大数字，无法保证是正确的”。据历史文献记载，一九二七年十一月中央临时政治局扩大会议时，全国党员由近六万人减少到一万余人。一九二九年六月六届二中全会时，党员发展到七万三千多人。因此，在召开六大时，党员人数已在上升，这是可以肯定的。

三是大革命时期遗留下来的几个重大理论问题，还没有统一认识，有待于正确地澄清和解答，否则便不能适应历史前进的要求。例如：中国革命的性质问题。中国革命的性质是什么，它是由什么来决定的？资产阶级民主革命为什么却要无产阶级来领导，怎样实现无产阶级领导权？这些问题，当时许多人还搞不清楚。加上陈独秀散布过资产阶级民主革命理应由资产阶级来领导，彭述之鼓吹过无产阶级对资产阶级民主革命有天然的领导权，当时虽然对这些错误论调进行过批评，但没有从理论上完全弄清楚。六大前，共产国际代表罗明纳兹混淆民主革命与社会主义革命的所谓“不断革命”论，更搞乱了我们党内的思想。这样，中国革命的性质问题在当时就成了一个很突出的问题。又如革命形势问题。当时到底是高潮还是低潮，许多同志的认识也是很模糊的。有些同志对革命高潮到来的客观条件与主观力量的关系分不清楚，往往只强调有利的客观条件，不重视主观力量强弱的影响和作用。同时对革命高潮与直接革命形势也分不清楚，不知道革命高潮的到来，不等于直接革命形势已经形成；一个大城市直接革命形势的形成，也不能说全国可以马上起义。总之，在这些问题上常常争论不休。再如在斗争策略上，当时是应该退却还是应该继续进攻？如果是退却，那么在总的退却中还可不可以在局部的地方举行进攻？诸如此类的问题，大家在当时也是搞不清楚的。

针对这些情况，为了总结大革命失败的经验教训，弄清大革命失败后的政治形势和革命性质，确定党在新时期的政治路线和策略方针，迎击敌人的残酷进攻，领导革命胜利前进，在八七会议时，中央临时政治局已规定在六个月内准备召开六大。十一月，中央临时政治局扩大会议又通过了《关于第六次全党代表大会之决议》，决定六大“于一九二八年三月初至三月半之间召集”，“大会会期和地点，由中央常委决定”。大会代表的选举办法是：一、“各省党部得选举有表决权的代表。代表应由各省党部代表大会选出，如因秘密组织的环境关系，不能开代表大会，则由各省委全体会议派出代表，然而应当尽可能由扩大的省委全体会议选派”；二、“各省党部派选代表以五百党员选出一代表为标准，五百人以下的党部，亦得选一有表决权的代表；无表决权的代表各省党部亦得选派，但必得中央的同意”；三、“中央委员或中央候补委员如果没有被某一省党部选为代表，因而无表决权，则可以无表决权的参加大会”；四、“共产青年团中央委员会得派五人出席大会”，五、“出席大会代表必须入党一年以上的方能当选”。至于六大的议程，决议规定为：国际代表报告国际状况和共产国际的任务和策略；中央的政治与党务报告；中国革命过去的分析及将来之前途与党的任务及策略；土地问题党纲；革命工会的任务；党的组织任务；共青团工作；选举中央委员会及出席共产国际第六次代表大会的中共代表团。后来，由于情况的发展变化，代表产生办法和大会议程都有所改变。

……

关于六大代表的产生，本来是准备按照上述选举办法进行选举的，但由于当时环境十分险恶，加上时间仓促，四月份代表就得启程，而这时多数省份还没有选出代表，因此来不及按照选举办法进行选举。除了广东、河南等省的代表是开会选出来的，其余大多数是中央指定的。出席大会的代表究竟有多少，我记不准了。我记得的代表有瞿秋白、苏兆征、周恩来、刘伯承、向忠发、张国焘、蔡和森、关向应（共青团代表）、阮啸仙、周秀珠、霍锟镛（湖北代表）、刘义（湖南代表）、李子芬（共青团代表）、余茂怀、夏曦、李立三、邓颖超、张昆弟、罗明、杨之华、蔡畅、邓中夏、项英、罗章龙、王仲一、任旭、王凤飞、黄平、王灼、杨殷、胡锡奎、毛简青、王藻文、华少峰、徐锡根、何资深、王若飞、唐宏经等人。上述名单中有些名字有待党史资料征集过程中证实，未能回忆出来的名字，也有待查证。

确定六大代表人选的工作，是有缺点的，主要有两条：一是过分强调工人成分，二是没有让一些从事实际工作、具有丰富革命斗争经验并在党内享有声望的同志参加六大。关于这两条，我完全同意周恩来在《关于党的"六大"的研究》一文中所作的评论。

以上所说的是关于六大的组织准备工作。下面再说关于六大的政治准备。

早在一九二七年十一月扩大会议前，中央就指定专人草拟了《中国共产党土地问题党纲草案》。十一月扩大会议要求各级党组织和一般同志参加讨论这一草案，提出书面的修改意见，同时要搜集当地的土地问题材料以及一切关于土地问题的理论或分析的意见，把这些意见和材料随时上报中央，在党报上讨论，以待六大作最后的决定。后来，六大通过的《土地问题议决案》可能参考过这个土地问题党纲草案。

接着，一九二八年二月二十五日，共产国际执行委员会第九次扩大会议，通过了苏联和中国共产党代表团提出的并经过斯大林等修改的《关于中国问题的议决

中共六大党章

案》。六大所讨论的主要问题，如关于中国革命性质、革命动力、革命形势、党的工作中心、党内所要反对的主要错误倾向等等，在这个决议案上都有阐述。

到了一九二八年四月十二日，秋白写了《中国革命与共产党》，作为向六次大会的报告。这个报告是根据共产国际对中国问题的决议精神写成的。它叙述了一九二五年至六大前中国革命斗争的发展阶段，总结了成功和失败的经验教训，肯定了中国革命仍然是资产阶级民主革命性质，批评了陈独秀的右倾错误和大革命失败后党内出现的“左”倾盲动主义，原则地提出党的五项任务，内容比较丰富，研究这段历史时值得一读。但是这个报告对当时的革命形势作了过分估量，继续坚持反对民族资产阶级和上层小资产阶级，坚持城市中心和加紧准备总暴动等“左”的错误。

对召开六大做了必要的准备工作之后，从一九二八年四月开始，南方各省的代表便在上海集中，陆续前往莫斯科。由上海去莫斯科的代表，一般都是经大连、哈尔滨，在满洲里下火车，于夜间渡过国境线，进入苏联境内，沿途有苏联同志接应。周恩来和邓颖超是一九二八年五月一日起离开上海去莫斯科的。……

秋白、恩来到达莫斯科后，继续为大会的召开进行准备工作。开会前，斯大林又找部分代表谈了话。准备工作基本就绪后，大会于六月十八日下午正式开幕，七月十一日闭幕，历时二十四天。

（节录自李维汉：《回忆与研究》，中共党史出版社2013年版，题目编者有修改）

充满危险的路程

出席中共六大的代表，大部分于1928年4月下旬到5月上中旬开始启程。他们大多数在上海集合，然后由中央安排乘船前往大连或海参崴。当时大连已经被日本人占领，所以去大连的代表多数乘日本轮船；去海参崴的多数代表乘俄国轮船。他们或到海参崴直接进入苏联境内；或到大连或营口，再经哈尔滨，从满洲里或绥芬河进入苏联境内。

周恩来1928年3月下旬至4月中旬受中共中央委托前往香港主持广东省委扩大会议。4月中旬返回上海。4月底或5月初，周恩来和邓颖超装扮成一对古董商人夫妇，由上海坐日本轮船到大连，再经哈尔滨，经满洲里转赴莫斯科，筹备并出席中共六大。

周恩来和邓颖超夫妇正要动身，中央特科来人通知，他们的住处已不安全，必须立即转移。周恩来、邓颖超马上销毁所有文件，离开住所。邓颖超的母亲杨振德幸好前一天已经组织安排和夏之栩的母亲夏娘娘一起住机关了。周恩来和邓颖超走得匆忙，只穿着

现在北京至莫斯科的火车，途经满洲里

随身衣服，带了一个小手提箱。他们登上一艘由上海开往大连的日本轮船。周恩来留着长须穿着长袍，装扮成一名古玩商人。邓颖超穿着一件半旧旗袍，完全是家庭主妇模样。

为了确保安全，组织上给他们订了头等舱。只因走得匆忙，准备好的衣服，包括庄东晓特地托交通员带给五姐邓颖超的两件漂亮旗袍，都没来得及拿。周恩来和邓颖超穿着日常衣服，和住头等舱的阔人身份很不相称。1928年5月3日，日本军国主义分子在山东济南制造了震惊中外的五三惨案。周恩来、邓颖超对此非常关心。他们上船那天，将上海各种报纸都买了一份，准备在船上翻阅。按照坐头等舱的条件，客人们每天都要更换衣服。但周恩来、邓颖超却无衣可换，老穿着他们上船时的一套普通衣衫。这就不免引起别人的注意。他们又没法躲在舱内不出来。坐头等舱的客人，每餐必须到餐厅用餐。有两个客人就餐时总是注视他们。

听口音是天津人，看身份是大商人。机警、沉着的周恩来、邓颖超在他们注视下依然神情自若，进餐时谈谈笑笑，就如一对出门旅行的商人夫妇。回到房舱，邓颖超担心地问周恩来："你看，餐厅吃饭时那两个天津口音的商人，是不是认出我们来了？"周恩来沉着地说："沉住气，我离开天津已八年，你离开天津也有三年了。现在，我们的容貌打扮已经大不相同，他们不一定认得出来。"邓颖超轻轻叹了口气说：在上海我从不和你一起出来，就怕我们走在一起会被人认出来。这次一同走，偏偏走得匆忙，连八妹好意借给我穿的衣服都没穿上。我们这身打扮，跟头等舱客人身份实在不相称。

周恩来淡然一笑，说道：事到如今，只能沉着应付。你我都演过戏，只要下决心演戏，我这个古玩商人保险不露马脚，你这位太太可要配合好啊。邓颖超点了点头。船过青岛，有短暂停留，允许乘客上岸。周恩来和邓颖超上岸进市区吃了午饭，顺便买了几件像样衣服，又买了青岛各种报纸带回船舱。这一来，引起了日本方面安排在轮船上的密探的注意。一对商人夫妇，为什么要买那么多报纸看呢？

轮船到了大连，周恩来和邓颖超正要上岸，驻大连的日本水上警察厅上来几个人，对他们进行盘问。他们首先不客气地问周恩来，你是干什么的？周恩来沉着回答：做古玩生意的。你们做生意的，为什么买那么多报纸？一个留着东洋式小胡子的家伙，指着桌上放着的一堆报纸，气势汹汹地问。周恩来平静地回答："在船上没事看看报纸，消遣消遣"。邓颖超灵机一动，在一旁插嘴道："我们先生也做股票生意，报纸上天天都有股票行情，我们不能不留意看啊。"邓颖超这句生意经的行话，堵得日本警察无话可说。

"你们到哪里去？"日本警察紧追不舍地问。"去吉林"。周恩来坦然回答。"到吉林干什么？""去看舅舅"。周恩来从容回答。"那你跟我们走一趟吧"。几个日本水上警察站起来，不由分说，要带周恩来走。邓颖超紧张了，站起来说："我也一起去吧！"周恩来瞪了邓颖超一眼说："你不要去，你去干什么？这大概是误会，我一会儿就会回来的。"

周恩来又对水上警察厅那个官员说："麻烦你们帮我的太太找个旅馆，并请你们送她到旅馆先住下。"他又像个做惯大生意的阔商人那样，加上一句："要大连最好的旅馆，我的太太最讲究卫生。"周恩来那副颐指气使的有钱商人的气派，一时竟镇住了那些日本水上警察。他们慌忙点头哈腰："请放心，我们送太太到大和旅馆，那是大连最好的旅馆，是我们日本人开设的，卫生条件很好很好，太太一定满意！"

邓颖超无奈，只得带着一颗焦灼不安的心，望着周恩来跟那几个日本警察上岸，坐进一辆小汽车走了。她的心虽随着周恩来而去，她还必须装出阔太太无端受了委屈的样子，随一名警察上岸。警察为她要了一辆出租汽车。到了旅馆，要了房间，邓颖超等候着周恩来。她坐在陈设豪华的房间里软软的沙发上，如坐针毡。

难挨的两小时过去了，房门一响，周恩来安然无事，推门进来了。邓颖超高兴得正想从沙发上跳起来，周恩来用手指在唇上按一下，示意她不要作声。只听周恩来大声说："我可真累了，想马上洗个澡。你到卫生间放水吧！"然后，他又低声对邓颖超说："立即销毁接头证件！"邓颖超马上找出证件，到卫生间撕碎，投入抽水马桶，放水冲掉了。她又放了洗澡水，大声喊周恩来："洗澡水放好了，快来洗吧！"周恩来进了卫生间，邓颖超指指抽水马桶。周恩来明白了，两人相视一笑。

周恩来洗完澡，和邓颖超有说有笑地到楼下餐厅吃饭。他们特地点了日本菜。回到房里，周恩来才小声给邓颖超讲了在水上警察厅被查询的经过。在那里，他们又详细问了周恩来的出生年月、学历、职业。周恩来照编造的说了一遍："你到东北究竟干什么！"日本警官眯缝着双眼问。"去看舅舅！"周恩来平静地回答。"你舅舅姓什么？叫什么？干什么的？""姓周，叫曼青，在吉林省政府财政厅任科员"。"你舅舅姓周，你为什么姓王？"那日本警官仿佛抓住了一大话柄，厉声问。周恩来冷笑一声："在中国，舅舅和叔叔名称有区分，姓氏不一样！不像欧美，舅舅、叔叔都叫uncle，因此，我姓王，舅舅姓周"。

日本警官又说："我看你不姓王而姓周，你不是做古董生意的，你是当兵的"。周恩来不动声色，伸出他一双文雅修长的手："你看我像当兵的吗？"那警官霍地站起，仔细察看周恩来的一双手，没有拿过枪的痕迹。他打开抽屉，取出几张卡片，翻来覆去地看。他对周恩来说："你是周恩来！"周恩来泰然自若，坦然问道："你们凭什么说我是周恩来呢？我姓王，和周恩来毫不相干。只是我舅舅姓周而已。"日本警官实在拿不出什么证据，只好挥挥手说："那就实在对不起，打扰你了！你回旅馆去吧，你的太太还在大和旅馆等着你。周恩来微微一笑："还要麻烦你们代买两张下午去长春的火车票，请你们送到旅馆。"他从皮夹中取出钱，交给那个警官。

周恩来讲完水上警察厅盘问的经过，邓颖超不觉笑了起来。好险哪！多亏你沉着应付了。他手中拿的是什么卡片呢？为什么一口咬定你是周恩来？"很可能是我在黄埔军校时任职的材料。"周恩来说："那时我公开活动，要弄到我的材料并不难。"日本水上警察果然派人送来两张火车票。邓颖超轻轻一笑："你看，你多有办法，连火车票也不用咱们自己去买了。"他们到火车站，上了大连去长春的火车。

周恩来和邓颖超依然坐头等车。上车后，他们发现软席车厢中已坐了一名日本人，能说纯熟的中国话。他俩微微一笑，已识破这个日本人是跟踪的密探。周恩来装作漫不经心地和他随便聊天，问他到中国多久了？做什么生意啊？还说中国文物丰富，不妨到中国来做做古玩生意，似乎他真是一位古玩生意的行家。说来也巧，地下党在上海真开了一家古玩店，周恩来常去接头，也浏览过一些古玩文物，如今说起来头头是道，真把那名日本暗探蒙住了。但他看来并不甘心。

火车快到达长春了，这个日本人忽然从袋里掏出名片，恭恭敬敬地递给周恩来。在日本，有交换名片的习俗。周恩来本应立即拿出自己的名片交换。但他们在上海走得仓促，哪里来得及去印假名片呢？机智的周恩来一边客客气气地接过日本人的名片，一边装出往西装上衣小口袋中取名片的样子。"噢，我的名片没有装在口袋里，还在箱子里呢，很对不起！"他又装出要去取小手提箱的样子。那个日本人连忙说："不必了，不必了！"

汽笛长鸣，长春车站到了。周恩来、邓颖超很有礼貌地和那个跟踪的日本暗探告别。他们出车站雇了一辆马车。在车上，邓颖超回头看看，小声说："后边好像没有尾巴。"周恩来点点头，没有作声。他们住进旅馆，周恩来立即脱下西装，换上长袍马褂，把胡子刮掉。他们又乘火车到吉林。他们到了吉林，没有直接去伯父周贻赓家。他们先住旅馆，写了一封信给伯父。刚巧，周恩来的三弟周恩寿也在吉林。看到信他惊喜交集，立即赶到旅馆，接他们到伯父家。周恩来、邓颖超本来要去哈尔滨，为什么绕道吉林呢？他们怕日本警察厅去吉林财政厅查问伯父，有没有姓王的外甥，伯父回答不上来，有可能出事，惊扰了伯父。

周恩来从12岁起，就到东北伯父家上小学。以后上天津南开学校，也由伯父供养。周恩来对伯父很孝敬。他怕伯父应对不好，因此要赶来与伯父打个招呼。他们在伯父家住了两天。邓颖超和周恩来商定，他先走，到哈尔滨三弟家住下。隔一天，由三弟周恩寿陪她到哈尔滨会合。邓颖超说："我是第一次当周家的媳妇，理应多陪侍伯父、伯母一两天。"邓颖超的体贴周到，周恩来充分领会了。他怀着感激的深情看了小超一眼，笑着对伯父、伯母说："小超还是第一次当周家的媳妇，让她多陪伯父、伯母谈谈。我先去哈尔滨了。"伯父、伯母很疼爱周恩来，很想多留他住几天，但也知道他有大事在身，不能强留。老人对于邓颖超能多留一两天，已很高兴了。

邓颖超既是坚强的革命者，又有充足的人情味。她深知伯父、伯母没有儿子，从小把恩来当亲生儿子看待。她要代替恩来，多尽一点侍奉老人的亲子之情。周恩来到了哈尔滨，住在铁路局当小职员的三弟家里。过一两天，邓颖超也来到哈尔滨。只是，他们在哈尔滨接头的证件已在大连销毁，无法接头。邓颖超很着急。周恩来说："去莫斯科开会的六大代表是分批出发的，在我们后面还有李立三等同志，你到火车站去等吧，只要等到李立三或其他同志，我们便能走了。"邓颖超每天都到火车站，一连等了几天。没有等到李立三，她真着急了。但还得耐着性子去等候。

一天，在火车站出口处，她终于看到了李立三。她急忙叫住了他。李立三回头一看，见是邓颖超。他有点奇怪，低声说："我还以为你们早到了哩，怎么还在哈尔滨？"邓颖超带李立三来到周恩寿家，给他讲了一路上遇险和脱险的经过。李立三听着听着，脸色都变了。连声说："好险！好险！恩来，这一次，大约是你的大胡子帮了大忙。当然，主要是你的沉着、机智！还有小超配合得好。我知道你们都是演戏的能手。"大家哈哈大笑，共庆周恩来、邓颖超这次的脱险。有了李立三，他们便同在哈尔滨的同志联系上了。周恩来、邓颖超、李立三一起离开哈尔滨，踏上去莫斯科的旅程。

火柴盒承受的使命

为了保证中共六大代表的安全，使代表在会议召开时准时赶到目的地，共产国际和中共方面在哈尔滨、满洲里等地，安排了地下交通站秘密接应代表过境。1928年春，中共中央在哈尔滨设立了秘密接待站，并委托中共哈尔滨县委做好安排。县委指派中共党员李纪渊负责接待站工作。李纪渊，1907年生，辽宁新民县人。曾在北京汇文中学、上海大学学习。1926年加入中国共产党。1927年被派到东北，先担任共青团大连地委书记，7月到哈尔滨，担任共青团北满地委书记、地委书记、县委书记。

秘密接待站设在哈尔滨的道里外四道街（又叫面包街，后名红专街）14号的一座平房里，这里也是共青团哈尔滨县委委员阮节庵（又名阮昌、魏仲仁）、沈光慈夫妇的住处，党的秘密机关，比较安全。阮节庵当时在哈尔滨广播电台工作，妻子沈光慈在电话局做打字员。两人都有职业，便于掩护。阮节庵和李纪渊一起负责接待工作。沈光慈和县委交通员、原在上海党中央做翻译、朝鲜族的小白，也参加接待工作。

此外，中共中央还派龚饮冰、何松亭和在中共中央妇委工作的杨之华（瞿秋白的妻子）到哈尔滨协助完成接待工作。龚饮冰当时在上海担任中共中央会计。杨之华带着女儿独伊到哈尔滨后，被安排住在阮节庵家里，随时接待来哈尔滨的六大代表。

从1928年4月开始，关内的六大代表陆续来到哈尔滨。他们到哈尔滨后便按照接头地址和暗号与小白或李纪渊会面。接头地点是设在道里中央大街的一处卖故衣的商店里。小白在那里以店员身份作掩护，随时会见来哈尔滨接关系的代表。暗号是“以一盒火柴，抽出几根一齐折断”。关系接上后，再由李纪渊通知杨之华，由杨之华或阮节庵夫妇安排食宿。

单个来的男同志，通常由杨之华带着女儿一块儿活动，对外就说是“夫妻”。当时杨之华的女儿独伊只有六岁，但很懂事。杨之华教她，如有人问就说是“爸爸”。独伊很乖，喊在一起的男代表为爸爸。喊过几次之后，她有些奇怪了，便问妈妈：我怎么有这么多的爸爸呀？

从哈尔滨出境到莫斯科的路线有两条，一是乘火车往西去满洲里；二是乘火车往东去绥芬河。

往西走满洲里线路的，临行时，由接待站交给每个代表一个过境的号码牌。到了满洲里后，在车站附近就会看见两辆马车在那里等候着，马车的前面挂了一个车灯，一个车上为67号，另一个为69号。代表手里的号码牌和车灯上的号码对上时，把号码牌交给俄国马车夫，不必说话就可以上车。然后，马车夫扬起鞭子，马车很快消逝在黑夜里，偷偷越过边境。边境那边设立了接待站，负责安排换乘去莫斯科的火车。

走绥芬河路线的，由哈尔滨乘火车，到达绥芬河后，与一个俄国铁路工人接头，被安排在他家休息吃饭。到了晚上，由这个俄国人带路过境，需要翻山涉水，走很长一条路才能过境。晚上起程，得到第二天早上才能进入苏联境内。然后先乘火车去海参崴，再由海参崴换乘去莫斯科的火车。

哈尔滨接待站尽量安排六大代表们走满洲里线而不走绥芬河，因为从满洲里线到莫斯科距离更近。但有时来的代表比较多，就得分散行走。

六大代表从上海分批出发，到哈尔滨后又重新编组，随时安排去中苏边境。通过哈尔滨接待站安排出境的有瞿秋白、张国焘、罗章龙、周恩来、李立三、夏曦等人。据记载，经哈尔滨接待的六大代表共40多位。他们都安全到达了莫斯科，从而保证了六大的顺利召开。杨之华在完成接待任务后，也随最后一批代表赴莫斯科。接待站也随之撤销。

参加六大后回国的六大代表，也有经过哈尔滨接待的。如罗章龙1928年9月回国时经过哈尔滨，也是有人接待的。但不是中共哈尔滨县委，而是共产国际交通局设立在哈尔滨的接待站。

唐宏经是出席中共六大的代表，同时又承担了在哈尔滨接送六大代表的任务。他回忆说：鉴于当时国内形势的紧张局面，共产国际决定中共六大安排到莫斯科召开。会议之前，全国各地的代表将分批前往莫斯科。当时行走的路线，除一部分由上海乘轮船经海参崴到苏联外，其余大部分由上海经大连到哈尔滨，从满洲里和绥芬河越过边境。

"1928年5月，我们从沈阳乘火车到哈尔滨。临走时，省委交给我一个火柴盒，里面装有21根火柴，让我下车后到哈尔滨道里区俄国大街一个马车店接头。下车后，我们找了一家旅馆住下。之后我揣着接头的火柴盒找到了马车店。张国焘、罗章龙、夏曦等人已先期到达这里。张国焘与我打过招呼后，我把火柴盒交给了他。他数了数，对我说：因南方代表语言容易暴露，满洲省委的代表还有一项任务，就是把你们分到各组，护送南方代表过境。傍晚，我回到旅馆，把中央的要求向他们四人做了传达，之后他们先期过境，我则留在了哈尔滨。

"记得第一次护送的是广东代表团。我到车站买了去满洲里的火车票，带着他们乘上火车。一路上他们尽量不说话，一切由我出头。从哈尔滨到满洲里火车要开一天一夜。上车前，接待站发给每个代表一个过境的号码牌，下车后，我们根据手中的号码，找到带号头的马车。马车前面挂着车灯，如果代表手中的号码牌和车灯上的号码对上，就把手中的号码牌交给苏联马车夫，不必说话，点点头即可上车了。送走广东代表，我在满洲里住了一夜，第二天又返回哈尔滨。就这样，我先后护送云南、贵州和江西的代表过了境。

“大约是5月下旬，我护送张国焘、罗章龙、张昆弟等中央代表出发时，张国焘告诉我，这次就不返回去了，一起过境。车到满洲里后，马车夫把我们送到远处山上的一间房子里，晚上我们乘火车到了赤塔，又在赤塔住了一夜，第二天才换上去莫斯科的列车。

“火车经过一个多星期的运行到了莫斯科。一个事先安排好的木架子马车把我们一行拉到了莫斯科郊外的一个地方。在这里，我们见到了许多代表，因为有几个省的代表还没有到，会议没有马上召开。有一天，大会秘书长周恩来找到我，对我说：老唐，你怎么把团员也带来了？这时我方知朱秀春竟是个团员。我一时没了主意，问他：这怎么办？周恩来想了想说，让朱秀春写个入党申请书吧。就这样，经过与会代表一致通过，朱秀春在莫斯科加入了党组织。”

有六大代表回忆：“我们经中长路到哈尔滨，在一个指定的招待所住下来。和我们联系的苏联同志给了我一张美钞，让我们记住上面的号码，这张美钞实际上是一张苏联境内的‘通行证’。他还告诉我过边界的联络暗号。在满洲里下火车后，我们跟着这个苏联同志走到一大木门旁，车夫扬鞭一甩，四匹慓悍的马，拉着车奔驰向前。这时，天还没有亮，还挂着闪烁的星星，半小时后，我们到达国境分界线，马车穿插在碉堡群中，如无人之境。正当我们离开我国边防哨兵的最后一个碉堡时，听到‘砰’的一声枪响，马车夫镇静自若，快马加鞭，一股劲就冲出了国境线，安全地进入了苏联境内。天黑了，马车停止。这时有一个人迎了上来，我说了句联络暗号，就接上了头。”

六大代表黄平回忆说：1928年5月间，中央通知我去莫斯科参加六大。我奉中央之命带着三个香港海员同志一起去。我们是乘日本船到大连。同船去的有杨殷，但是我们装着不认识。我们坐的是统舱。船到大连时日本警察盘问杨殷，杨殷说他是做药材生意的，并打开手提箱，拿出一些药材样品给他们看，警察就走开了。我们从大连乘火车到哈尔滨，在哈尔滨接上了关系，并得知在满洲里怎样过境的办法。我们住了两三天，就和杨殷一起乘火车到满洲里，在车站附近找到一辆由俄国赶的某某号码的马车。我们说出接头暗号，坐上马车，他就带我们跑了一个很大的半圆圈进入苏联境内。转乘火车到赤塔，在赤塔又住了几天，苏联的有关部门来查我们是否带有私货，没有发现什么就走了。住了约一个星期，我们乘火车到了莫斯科。

1928年4月间，福建代表罗明和许土淼离开厦门到上海，在上海等了很久，然后取道大连到哈尔滨，到哈尔滨住了20多天，才由交通员带着乘车去满洲里。下了火车后，改乘马车到中苏边境的一个山地。他们是晚上爬山过边界的。事先，交通员提醒我们不要咳嗽，而当时许土淼患肺病，咳得很厉害，过边界时，只好捂住嘴。到达苏联境内的火车站，他们看到了蔡和森等人，大家一起乘火车于6月初抵莫斯科。

济南五三惨案后，山东代表团团长丁君羊（后改名丁基实）率另两名代表郭金祥、黄文共三人先到上海。丁君羊后来回忆，和他到莫斯科出席六大的山东代表，一名是淄博矿区的工人，一名是青年农民王科仁。他说的淄博工人

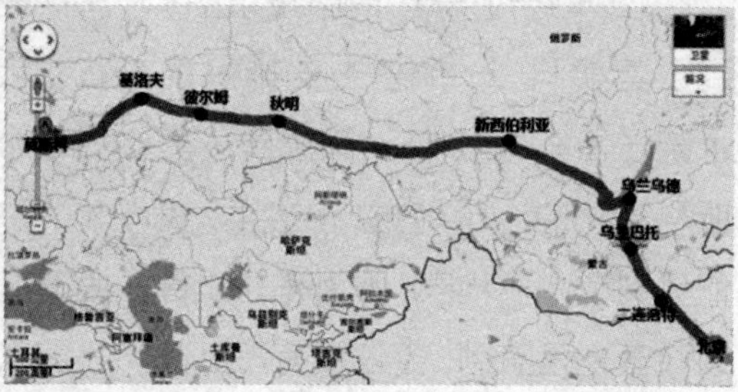

北京至莫斯科铁路线

应该是黄文无疑；但回忆青年农民王科仁却没有到莫斯科开会。和丁君羊同行的山东另一名六大代表是知识分子出身的郭金祥。出发前，规定沿途丁君羊和另两人装作不相识的样子。另两人则作为叔侄关系。有人问起，只说是因山东闹灾，生活困难，去东北找那个青年"下关东"的父亲的。他们到上海后，与中央负责联络的周恩来直接接头。周恩来向他们交代了途中应注意的事项和到达哈尔滨以后的接头地址，并发了旅费。然后，他们就从上海搭乘日轮木神号去大连。到大连后，知道日本人已经得到情报，说最近将有大批共产党员经过大连，所以车站、港口检查很严。丁君羊得知这一情况后，没敢在大连耽搁，买了火车票就走了。到了长春后，换乘中东路火车到达哈尔滨。

在哈尔滨，他们按规定地点接头，领到了三张去满洲里的火车票。同时，接头人还交代了到满洲里下车后雇车和出国境的暗号。他们很快到了满洲里，当时是中苏边境的一个小火车站。下车后，走出站外，有几辆苏联人赶的马车在兜揽生意。他们看见一辆马车上插着两只长长的鸡毛掸子，这就是规定的暗号。他们假装上去讲价钱，立即乘上了这辆马车。赶车的苏联人赶着马车向西北方向走了二三十分钟，到了靠近中苏边界的一座小石桥。桥边有中国边防哨兵，问他们到哪里去，他们回答说，到"广新公司"。广新公司是个煤矿，到该公司要经过此桥，这是哈尔滨接头人交代这样说的。

马车过桥以后，向前走了100多米，向右一拐，过了一条无水的小浅沟，就越出了国境线。赶车人加鞭打马，向北狂奔40多米，对面走来一位红军边防士兵，他把丁君羊等带到一个哨所里。这是一个很简单的岗亭。他们在这里休息了个把钟头，并吃了一点红军士兵为他们准备的东西。随后，红军哨兵带他们向东北方面前进，走了五六里路，到了一个小火车站，换乘去莫斯科的西伯利亚大铁路的火车。

5月中旬，杨之华、李文宜带

着杨之华的女儿独伊从上海前往莫斯科。据李文宜回忆，她们乘船到大连。这是一艘货船。她们住在底层的货仓里，空气污浊。李文宜又晕船，一动就吐，只好躺着不动。关键是李文宜的心情不好。她1928年元旦刚结婚，爱人罗亦农，时任中共中央临时政治局常务委员、中央组织局主任，因叛徒出卖不幸被捕。李文宜在党组织的帮助下从事营救工作，但没有成功。1928年4月21日，罗亦农英勇牺牲，年仅26岁。

李文宜当时的名字叫哲时。罗亦农在给她留下的遗嘱中深情地写道："哲时，永别了！望你学我之所学以慰我。灵如有知，将永远拥抱你。"大难之后，痛定思痛。想到罗亦农，李文宜不禁泪如泉涌。想到大革命失败后多少同志被逮捕牺牲，罗亦农如果活着，也是要去参加党的六大的。现在却只找到罗亦农的遗体，并暂时厝放在安徽会馆。

想来想去，李文宜不免终日以泪洗面。茫茫大海，一望无际，水天一色，变化无穷，李文宜无心观赏。杨之华看她三天不吃不喝，尽力劝慰照顾。李文宜在货仓里恨不能放声大哭，以泄多日来隐忍着、压抑着的悲痛。杨之华劝说："你这样不坚强，万一弄病了，还有很长的路程要走，该怎么办呢。"船到大连后，李文宜才能进点饭食。

下了船，她们买火车票，经过南满铁路和中东铁路继续北上。车到哈尔滨、满洲里，都有组织负责人来接头，要李文宜和杨之华分开，各自配成假夫妻，而且不能说话，免得暴露南方口音。还要她们脱下旗袍，穿上东北农村妇女穿的衣服，乔装成东北农村妇女。当然，头上也是梳的假发髻，所带的箱子，只要是南方的东西，一律留下。李文宜和杨之华时分时合，一路风餐露宿，终于到达了国境。

过国境时，杨之华和李文宜乘一辆马车。杨之华带了20元美国金币，放在女儿独伊的一条裤子里，以免被人察觉。不料，下马车时，她们忘了把裤子取下来而忘在车上了。杨之华悔恨不已，对她们来说，那是一笔很大的损失。

李文宜回忆说，她们不久到了伯力。伯力的俄文名叫哈巴罗夫斯克。李文宜在回忆录中说，在伯力见到从湖南来参加六大的徐特立、何叔衡、方维夏和另外两名青年。从地图上看，从满洲里进入苏联境内，不远处应该是赤塔而不是伯力。而伯力，则在哈尔滨的东边，必须走东线经过绥芬河出境到海参崴，才会经过伯力。伯力和赤塔在两个不同的方向。不可能经满洲里出境，再到伯力去。时隔多年，记忆难免有误。

李文宜回忆，她们一起住进了一个俄国人家里，等西伯利亚铁路的火车。女主人很殷勤地接待她们。午饭时没有筷子，也没有刀叉，只有木制的一柄汤勺。先来一碗罗宋汤，再就是几片黑面包和香肠。每人一根酸黄瓜，吃起来香甜可口。男同志们边吃边谈。李文宜细听，他们谈的都是湖南农民革命以及反革命摧残革命的情况。晚上，他们睡在一间卧室里，杨之华和李文宜被安排睡在客厅的长沙发上。过了两三天，火车来了，大家才上了车。

火车经过贝加尔湖时，正遇上倾盆大雨。一望无际的湖水，更显得烟雾迷蒙。李文宜在车上写了一首感怀的诗，其中两句是“雨打车窗人共泪，水天浩淼心与惊”。同行的人都认识罗亦农，对李文宜十分同情。方维夏要看李文宜写的诗。李文宜只好给他看并请他修改。方维夏看了后，说写得好，没有修改。

山东代表丁君羊也谈到从满洲里过国境后，乘火车顺着原始森林前进，一路林木参天，十分壮丽。过了赤塔以后，火车沿着贝加尔湖东、南、西三边走了约一天。贝加尔湖盛产肥美的鱼，他们第一次尝到了俄国式烘烤的熏鱼。

火车坐了七八天到了莫斯科。准备到莫斯科中山大学学习的李文宜因为学校放假，要9月1号才开学，所以和到会代表一起到莫斯科郊外的六大开会处暂住。后来，李文宜又获准到大会旁听，所以她就直接住进了专供女代表住的宿舍。

远东大铁路

在去莫斯科出席中共六大的代表中，有的人是从上海坐船到远东的海参崴，直接进入苏联境内的。邓中夏等走的就是这一条路线。他和几个同志一起，在一个浓雾茫茫的漆黑夜晚，偷偷地乘着一只小舢板，登上了一只苏联的商船，他们躲藏在船舱底下，悄悄地驶出了上海的吴淞口，向着海参崴驶去。到海参崴再换乘火车到莫斯科。

海参崴是俄罗斯远东地区最大的城市，俄罗斯滨海边疆区首府，位于俄中朝三国交界之处，三面临海，拥有优良的天然港湾，地理位置优越，是俄罗斯在太平洋沿岸最重要的港口，也是俄罗斯太平洋舰队司令部所在地。海参崴是交通要塞，海陆空运输发达，有直达莫斯科的铁路线，是被称为世界十二大奇迹之一、全长9288公里的西伯利亚大铁路的终点。海参崴是联接欧亚文明的纽带。城市基本上为欧式建筑，著名建筑有东正教堂、要塞、列宁广场，等等。在海参崴能看到绥芬河出海口、金角湾、阿穆尔湾，乌苏里湾，眺望大俄罗斯岛。

离海参崴直线距离230公里的中国境内的绥芬河，也是六大代表经过的一个重要通道。绥芬河位于牡丹江市东部，其市名来源于绥芬河名。绥芬河市历史悠久，早在唐代即属渤海国率宾府。

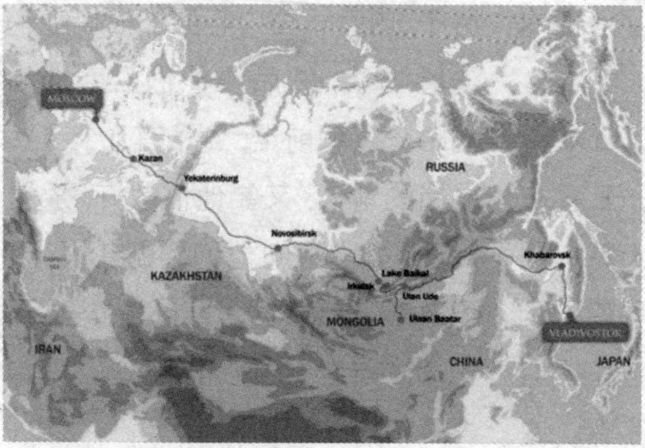

海参崴到莫斯科的铁路线

绥芬河市作为国际通商口岸已有近百年历史。1903年中东铁路通车后，以这条铁路为纽带，绥芬河市曾与海参崴、哈尔滨同步发展。曾有美、英、澳、日、韩、俄等18个国家和地区的商贾云集于此，时称“东方旗镇”“国境商都”。绥芬河市的南、北、西三面与东宁县毗邻，东与俄罗斯远东最发达地区——滨海边区接壤，边境线长26公里，是连接中、俄、日、韩、朝等国家、地区陆海通道的交通枢纽，更是赴俄边境的重要通道。

据罗明回忆，福建的共青团省委书记孟坚是从另一个地方越过边界，经海参崴到达莫斯科，参加六大的。从哈尔滨往东，从中俄陆地边界到海参崴，有一条铁路通达，绥芬河就是必经之路。有的代表只知道到了哈尔滨就从陆路越过边境进入苏联，具体的地名就不知道了。

1928年4月下旬，任弼时通知在共青团中央工作的王翘，准备到莫斯科出席党的六大。王翘到了哈尔滨，住下旅馆后，到哈尔滨一家电影院门前看电影片广告，见有一人手搔左耳，即向前装着问路，告之自己所住的旅馆房间号，他就会来找王翘，交代如何到满洲里，下车后会有人引他们到联络站，即作偷越国界的准备。

王翘回忆，同去莫斯科的人很多，两人一组，见面时互不通言语。和王翘同行的是纱厂的青工、江苏团省委书记胡均鹤。动身前一晚，王翘睡在胡均鹤家。王翘有个中学同学在上海青年会工作，同情革命，写信介绍王翘两人去哈尔滨青年会，找他的大学同学接洽印刷圣经一事。这封信成了他们的护身符。

他们乘船到大连时，日本特务上船对乘客逐个盘问。王翘拿出介绍信，特务上见信封上写的是上海青年会，对王翘和胡均鹤瞟了一眼，同时拆信阅读。王翘和胡均鹤装着用手在胸前划十字架。这样，特务对他们稍微问了几句，就走开了。但对其他人盘问得寻根究底，并且搜身，检查行李，连热水瓶都拆开，仔细翻腾。

他们经过奉天（今沈阳）、吉林、哈尔滨，只在旅馆歇一下脚，并不住宿。到哈尔滨后，在电影院门前，果然见到那位搔左耳的同志。他来到旅馆后，要王翘和胡均鹤把手表等物品通通留下，王翘有一只瑞士怀表也被留下。他为王翘、胡均鹤买好了去满洲里的火车票，当晚他们就上车，对号入座。车厢里早有一位青年坐在那里，见了他们，一句招呼都不打。第二天，车到满洲里，那位青年让他们下车后跟他走。至此，才知道他是同志。他把王翘、胡均鹤引进一所房子，内有一位中年男子招待他们洗脸喝茶，然后要他们沿着他指的路一直朝前走，到了有几个士兵站岗的地方，又要他们散开，放慢步子。如士兵问他们到哪儿去，他们只答“溜达”即可。走过这里，再一直往前走，见到有部马车，即跑去爬车。

车夫是一位苏联人，等王翘、胡均鹤坐好后，把鞭子一甩，两匹马便疾跑如飞。大约走了半小时，他回头用中国话对王翘、胡均鹤说，现在是俄国地界了。掌灯后，车到一所小木房子门前。他们下了车，没付车费，连连向马车夫握手致谢。王翘说一句俄语表示感谢，车夫含笑离去。

随后，他们走进火车站，有一个人用黑面包和茶招待他们。此人会英语，告诉他们这是一个小站，当晚由哈尔滨有火车开来，车票已买好，他们乘火车至赤塔，那里有会说英语的苏联同志来接。大约晚上10点钟上车，第二天早上八九点钟到赤塔。

下车后，果然有一位苏联同

志和一位朝鲜同志来迎接，把他们带到一所房子，里面已经住了好几位同志。大家都不认识，迎接他们的苏联同志给了一些卢布，要他们自己上街买想吃的东西。因王翘能说几句俄语，就当了采购员。赤塔很荒凉，风沙厉害。王翘买了粉条（中国式）、面包、牛肉、鸡蛋、包心菜等，由另一位同志背回。

王翘记得，他们的房主人是一对军官夫妇，刚生了一个小孩。晚上，那位苏联同志又来了，要王翘把国内发给他们的一张美钞交出，由他收回。原来美钞上面有数目次序号数。他收到美钞后便知道由中国来了多少同志。据说，瞿秋白不知怎么把美钞丢了，几经交涉，最后还是莫斯科来电报，才允许他继续前进。

当晚，王翘他们一行由赤塔乘火车去伊尔库茨克，大约两天到达目的地。车站上有位矮胖的苏联同志和一位中国同志（四川人）前来迎接。王翘他们分乘几部马车到乡下一所大房子，里面已经住了许多同志，邓中夏、蔡畅、王若飞等人都在其内。王翘记得，在这里住了很长时间，还举行了五卅惨案纪念会，后来又学习俄文。

不久，去莫斯科的日子终于到来，他们乘火车出发。王翘回忆说，那时西伯利亚铁路还是单轨，火车速度不快，每站必停，大约费了两个星期，距莫斯科还有一站之远，火车停了。他们下车，有中国同志和苏联同志来迎接，吉塔诺夫和其他曾在中国工作过的老友都有其中。大家握手欢笑，彼此问好。然后乘马车至一所大院，据说原是一个大地主的住宅。这就是中共六大会址了。

安徽代表龚德元回忆，他离开芜湖到上海，经中央安排住在“鹿鸣旅馆”。之后，河南李鸣、云南代表王炳南、以及广东省两名代表，相继住进旅馆。中央将他们五人编成一组，组长李鸣。5月下旬，他们五人由中央交通处安排，乘日本邮轮“神户丸”到大连，然后转坐火车到哈尔滨，住道里十三道门（原俄租界）。

按照上海中央交通处交待的

地址，龚德元和李鸣二人，携接头物品：一只火柴盒，盒底有五个小眼，表示五个人，在道里十六道门与共产国际东方部交通站接上了关系。此后，代表们的行程遂由国际交通员具体安排。6月初，代表们在国际交通员带领下，于夜间从绥芬河徒步跨越中苏边境，拂晓时抵达苏联边境城市双城子，而后又从海参崴乘火车直抵莫斯科。龚德元从芜湖出发，途中走走停停，到莫斯科参加六大时，时间已是6月22日左右。六大已经开幕几天了。

莫斯科郊区的银色别墅

位于莫斯科近郊的中共六大遗址，曾经被有关新闻媒体关心，热情地“炒过一阵子”。大的方位是对的：莫斯科郊外，但具体的地点说法不一。有的说，是莫斯科州纳罗法明斯克地区五一村，有的说，是莫斯科近郊的兹维尼果罗德镇的塞列布若耶庄园。事实上，中共六大是在现俄罗斯莫斯科州纳拉法明斯科区五一镇召开的。莫斯科州纳拉法明斯科区、纳罗法明斯克地区，还有的翻译为莫斯科州纳罗—弗明斯基区；五一村、五一镇，这些提法的不同，主要是翻译中出现的差别。

关于中共六大会址，原来一直说是莫斯科州纳罗法明斯克地区五一村。北京大学教授向青1988年出版的《共产国际与中国革命关系史稿》一书明确写道：中国共产党第六次全国代表大会在莫斯科郊外纳罗福明斯克城附近的波乌麦斯基村举行，“波乌麦斯基”，翻译成汉语即是“五一”。据有关学者考证，五一村，原名“旧尼科利斯基村”，是俄罗斯沙皇时代大贵族穆辛·普希金的庄园，又称为“银色别墅”。十月革命后更名为五一村。据说曾被作为苏俄内务部的一个据点。

有专家实地考察，现五一村图书馆保存着两份和中共六大有关的材料。一份是五一村原国营育种工厂日志的记载：“1925年至

1927年的中国大革命失败后，中国共产党遭受了沉重打击。在那种险恶的环境下，不可能在国内召开党的代表大会。于是，中国共产党中央委员会请求共产国际和联共（布）领导帮助他们在苏联召开代表大会。……中共六大在极端秘密的条件下在莫斯科近郊五一村旧地主庄园楼召开”。一份是介绍中共六大在五一村召开情况的新闻剪报。题目是，五一村：中国共产党第六次代表大会。该日志没有注明成文的时间，新闻剪报也没有出处和时间。

但证明中共六大的会址就在五一村，最为可靠和确凿的依据是当年的档案。随着俄罗斯保管的苏联及共产国际档案的解密，中共六大期间形成的一些文件被公布和出版，有的文件上就标着“莫斯科州纳罗法明斯克地区五一村”。如1928年6月27日周恩来在中共六大军事委员会第一次会议上的报告记录，就是一例。所以，中共六大会址就在五一村。这是确凿无疑的，有充分的史料依据。

关于中共六大会址的另一种说法，最早出自盛岳所写的《莫斯科中山大学和中国革命》一书。他曾于1926年底至1830年夏在莫斯科中山大学学习，后在莫斯科工作两年。他没有参加六大，但根据其妻、当年参加中共六大的秦曼云的回忆，参考其他人回忆，在书中专门写下了“中山大学与中国共产党第六次代表大会”一章。此书最初由美国纽约派拉贡书店出版，后译成中文。

该书据秦曼云（六大代表、盛岳妻子）的回忆说，大会会址是塞列布若耶，是近郊兹维尼果罗德镇不远的一座乡间别墅。这座乡间别墅原来是沙皇时代一个地主的财产，它的名字的意思是“银色别墅”，因其白墙在阳光下光耀夺目而得此名。它有几个漂亮的花园和一座健身房。大楼面迎公路，楼后是花园，花园过去是小山，山上长满树木。山后有条溪流，溪水晶滢，两岸绿树成荫，是代表们休息的好地方。“银色别墅”是一座相当宏大的建筑。

这些描写大致符合实际。但秦曼云是在出席六大40年后的回忆，所以关于六大的具体地点不够准确，因而才有了关于中共六大会址在莫斯科近郊的兹维尼果罗德镇的塞列布若耶庄园的说法。

……

许多代表到莫斯科出席六大时，大多是乘坐火车到达莫斯科。以符拉迪沃斯托克（即海参崴）为起点的西伯利亚大铁路，全长9288公里，主要途经站点有哈巴罗夫斯克（即伯力），伊尔库茨克，新西伯利亚，叶卡捷琳堡等，最终到达莫斯科。莫斯科设有九个火车站，一般去哪个城市就有通往那个方向的火车站。往北方，如乌拉尔、西伯利亚、远东地区、蒙古、中国、朝鲜方面的火车，大都停靠在雅罗斯拉夫火车站。这个火车站位于莫斯科市区的北边，按正常情况须穿城而过，经四环上列宁大道，穿过外环线往南20公里，才能到达位于莫斯科城南边的莫斯科州纳拉法明斯科区五一村。有六大代表回忆，他们到莫斯科并没有在市区停留，而是直接送到了五一村。有的还说是在莫斯科之前的小站下车，直接送到五一村。因为保密的缘故，第一种情况是完全可能的；而第二种情况即提前下车的说法，却令人有些疑惑。因为据熟悉莫斯科情况的司机说，从北往南，从火车站到五一村，除了经过市区外，没有别的道路。或许这是指大路、直路，不算绕道的路。

……

五一村位于莫斯科的正南方，离开市区沿着三号公路直行，拐一个弯就到了目的地。

当年庄园的大门，矗立在离村庄不远的大路旁。周围是大片大片的树林，道路上行人和车辆都不多。站在路边，能够看到右边不远处有许多连成片的房屋，房屋有白的有红的，掩隐在绿色的树丛之中。那里可能就是五一村居民的集中地吧。

回头一看，大树的绿荫下，矗立着当年的庄园大门。大门坐东朝西。所谓大门，只是两根两人多高的、一个人也围不过来的圆形立柱，静静地守候着这个庄园。圆形立柱是用比较规则的石头彻成的，虽然颜色已经斑驳陆离，支撑圆柱底部的石块已经有些缺损，但这两根大圆柱还是很有气势，可见当年的壮观和气派。大圆柱上，当年安装过大门的痕迹依稀可见。现在却是空空如也。

圆柱旁，是带着古朴而典雅图案的、铸造而成的青铜色的铁栅栏。铁栅栏镶在大门圆柱和一根大方柱之间。铁栅栏下方也是用很厚的石头堆砌成墙。石头的质地和圆柱、方柱一样，非常厚重。这根大方柱通过一个圆拱形、头上有顶的门脸，和另一根方柱相连，这样就构成了一个门洞。当年大门的左右两侧都有一个侧门，当大门不开的时候，可以开侧门。现在的侧门和大门一样，只剩下一个门洞了。

侧门边的石头基座已经破损。方柱上的石灰片已有脱落。从脱落处，可以看到修筑门洞的材料不是石头，而是比大圆柱石料小了许多的红砖。门脸上曾用赭石色的颜料粉刷过，但年代久远，下方的颜色已经变成了灰白色。看到它，倒使人想起描写中的"银色别墅"的颜色。

庄园的大门前，是一条路面呈细沙石的近似原生态的道路，凹凸不平，上面有雨水冲刷后留下的十分明显的痕迹。除了门脸，庄园已经没有了围墙。目光所及，只看到这四根圆形的、方形的柱子和连接它们的铁栅栏，以及旁边的残墙断壁。它们似乎还在倔强地向人们展示当年的风采。柱子下方已经残破的石块，曾经茂密但已经开始衰败的野草，似乎在默默地诉说着历史的沧桑。

庄园里十分宽敞、静谧，到处都长满了成片的树林，因为是初秋，一片绿色中已有少许发黄的野草。当年六大代表回忆的成片的松树林，好像已经被其他的树种所取代，只有不多的几棵松树夹杂其中。庄园里的道路比较宽阔，但建筑物好像是比较随意地修建起来，并不是整齐排列。

银色别墅中，作为中共六大会址的主体建筑，是五一村的一座地上三层，地下一楼的楼房，据说始建于1827年。该楼离大门约100多米，建于一块斜坡地上。南低北高，北边底层的房屋有一小半是位于地下，相当于半地下室。楼房有三层，从北侧看，每层有13个窗户，估计大楼中约有几十个房间。第一次去时，因为楼里住着居民，我们不便打扰，只在大楼外和后开的大楼入口处拍了照片。有代表回忆说，庄园的楼房前有很宽的几十层台阶。现在的楼前，台阶也是有的，但只有七八层。整栋建筑已经年久失修，多处墙体因风雨侵蚀，露出了里面的红砖。

中共六大旧址建筑

中共六大会址的这座主楼，还有一个统一的排号，即五一村帕尔科瓦亚街18号。整座楼呈东西向，坐北朝南。楼北和楼南两侧都有出入口。因为前不久发生的一次火灾，楼顶被烧得几近坍塌，楼里居民已全部搬出大楼。从北侧口走进大楼，沿着锈迹斑斑的铁扶梯走到二楼，可以看到楼房的过道比较宽敞，墙体非常厚实，房间也比较宽大明亮，铺的还是很结实的木地板。只是居民搬走后，房间空荡荡的，只有一些乱七八糟还没有清理的杂物。但是，透过房间的窗户向外眺望，却是一片风景迷人的俄罗斯原野、成片的绿树，还有一幢幢色彩鲜艳、形状各异的俄罗斯民居。这是一个令人惊喜的角度。当年六大代表住在这里，想必也会为环境的优美而陶醉吧。

离主楼约1000米，有一幢布哈林等人住过的别墅。这是一栋木结构的两层楼别墅，别墅的外墙都是用赭石色的整根原木筑成。别墅的东、西、南、北四个方向都有门。东门和西门更气派些，南门要小一些，北边就是一个小门。别墅的门窗和大厅入口处的柱子都加以精心地雕饰，特别是大门的柱子，用宝石蓝为主色调，造型别致，雕刻精美，当年的辉煌还依稀可见。

拨开齐腰身的野草走近这座别墅，跨过廊柱垮塌、没有门窗的门洞，走进别墅的房间里，昔日的大厅里满目疮痍，一片狼藉，满地都是残砖、瓦砾和朽木。当年的木质楼梯已经从中间断开，楼板全都腐朽，地板的碎木屑，发出一股潮湿的特殊的霉味。上楼的愿望不可能实现。仔细看看，还可以见到屋里原有的房屋结构，既大气、宽松，又小巧玲珑，大厅旁边分散着好几个房间。这座昔日精美的建筑，还向人们诉说着历史，展现着当年的富丽堂皇。据说，这座两层楼的别墅，在六大期间被作为布哈林的住处，瞿秋白、李立三等也在这幢别墅住过。甚至还有的人说斯大林也住过，但没有见到具体记载。

……

距布哈林别墅五六十米处，还有一幢两层楼的别墅。据当年舍维廖夫的介绍，六大代表在那里住过。这幢别墅的建筑风格和布哈林的别墅比较相近，两层楼的外墙也用整根的原木筑成，但更为简洁朴素，没有雕柱画梁和其他装饰。从远处看，这栋别墅已经没有了玻璃窗户。估计和布哈林别墅一样，因为没人居住和修缮，已经破败。后来有半边垮塌。

还有一座是进大门后、靠路的左边的两层楼房，从北朝南。据舍维廖夫的介绍，当时的中共六大秘书处曾设在那里。中央档案馆编辑出版的一部书中刊登的一张中共六大会址的照片，应该就是这栋房子。关于这幅照片的文字说明是：中共六大会址，后面的括号里说明，这是莫斯科五一农场大楼。曾作为农场大楼的这幢楼，整个楼体为砖墙，不像另外两栋别墅是原木墙。有六大代表回忆说，秘书处设在大楼里。但六大秘书处有四个科、50多名工作人员，除了主楼，在附近安排一些工作人员也是可能的。

可见，庄园里和中共六大有关的房屋至少有四幢：三层大楼是主体，还有共产国际领导人住过的布哈林别墅，以及其他两幢房屋。

虽然整个庄园已经残破不堪，面目全非，但它毕竟是历史的见证。人们不会忘记六大，也不会忘记这座经历了一段不寻常往事的“银色别墅”。

五一村里的笑声和泪水

1928年6月的莫斯科郊外，银色别墅里环境幽美，绿树成荫。碧绿的草坪上，耸立着宏伟的楼房。据当事人回忆，楼前鲜花盛开，楼后有大片白桦林、小溪和小山，景色十分美丽。

出席中共六大的正式代表和列席旁听代表100多人以及工作人员，都住在庄园里。据王翘回忆，中共六大的工作人员很多，单是翻译人员，除了王翘之外，还有王明、卜道明、沈雁冰的胞弟——沈泽民等。此外，记录员、打字员、勤杂人员也有几十个。

据李文宜回忆，六大召开的地方是一幢十月革命前的一个大地主的庄园，周围全是松林。松树林中有几条宽阔的马路可以行驶汽车。有一张六大会址的老照片，上面就能看到主楼前有一条平坦而宽敞、带着木栅栏的马路。

有当事人回忆，大楼的底层由餐厅、厨房和其他一些房间组成。大会秘书处的办公室就设在这些房间，负责用手抄写和复写文件，保管大会记录。别墅的二楼是装饰华丽的客厅，可容纳七八十人，别墅原来的主人大概在此厅款待宾客。六大就在那里开会。二楼的其他房间住大会代表和其他工作人员。三楼是顶楼，全当宿舍。李文宜回忆，正屋是一个大厅，可以容纳几百人开会。关于客厅的大小，说法不一，到底可容纳几十人还是几百人，或许因为年代久远，有些细节也记不太清楚了。总之，六大的大会就是一个大厅里召开，先后抵达的代表142人，加上共产国际代表和其他工作人员，应该有200人左右，都汇聚在这里。那是一个多么热闹的场面！

召开大会的大厅在大楼的哪一层？现在当事人有两种说法，一种是一楼，一种是二楼。几十年过去了，主楼的内部格局可能会有一些变化。但详细考察过主楼的同志说，整幢大楼只有一楼有一个大厅，二楼没有大厅。

主楼的二楼全是单独的房间和个别的套间，不太容易分辨哪些地方经过改建。如果大会是在

“银色别墅”已经修缮为“二战”纪念馆

楼里的大厅召开，也就有两个地方，一是有代表回忆的一楼餐厅。按理说，召开上百人的大会，餐厅肯定是会有的。就现在的情况看，六大会场和餐厅是否一回事，还说不清。因为二楼东侧的墙上还有一点作为大厅装饰的痕迹整幢楼里可以容纳六大代表100多人开会的地方只有一楼大厅即餐厅。时间久远，或许要找到当年大楼建筑的设计或施工图纸，才能真正准确地回答这个问题。

关于六大会场的布置，迄今为止所见到的最详细的回忆是王翘提供的。他说：会场设在一间大厅里，座位一律为长条凳，主席台后悬挂着斧头镰刀党旗，台前挂“中国共产党第六次全国代表大会”横幅，两旁无标语，台正中有一张长方形桌上面蒙白布，马克思、恩格斯、列宁、斯大林的画像挂在台后墙上。

出席六大的指定及旁听代表潘汉辰在会议讨论时说到，六大和五大的会场不同，中共五大的会场左边，悬挂着共产主义与

三民主义联合万岁的口号；而在六大会场，左边是挂着马克思列宁主义万岁的口号。这和王翘回忆说会场没有标语的说法有所不同。考虑到潘汉辰是在大会发言中讲到这个问题，肯定比王翘事后的回忆更为准确。两次大会的标语，也反映着党当时所处的环境。

还有人回忆，六大召开时，大厅四壁挂满了祝贺六大开幕的红色锦旗。左边有大会秘书处的工作室，分为若干工作组，右边有代表宿舍。楼上是女同志的宿舍，里面临窗放了一排单人床，一共有20多张，蔡畅、邓颖超等都住在这里。李文宜的床是在楼梯口靠墙的一张。山东代表丁君羊记得，大房间住男代表，小房间住女代表和工作人员。参加六大的代表中，有好几对夫妇，如瞿秋白和杨之华、周恩来和邓颖超、王若飞和李培之、丁君羊和于佩贞、张昆弟和王兰英等，王明和孟庆树当时还没有结为夫妻。

还有资料记载，六大代表主要住在楼里的第三层。大楼的一楼设有阅览室，等等。当时的大会秘书处设有文书科、记录科、翻译科、庶务科等科，就近或在楼里设工作室，也在情理之中。有当事人回忆，大会秘书处的办公室就设在大楼的房间里，负责用手抄写和复写文件，保管大会记录等。

各地的代表来了，大家欢聚一堂，十分热闹。王若飞见到了在中山大学当翻译的爱人李培之。他们1925年在河南开封结婚，新婚燕尔，李培之就派往莫斯科学习。从此天各一方，一别就是三年。欢聚的时刻，他们自然应该十分高兴。但他们的心情却是很沉重的。因为中国革命受到严重挫折，经验教训是什么？以后究竟应当怎样进行？都是亟待解决的问题。他们更没有忘记一起去看望和安慰英勇牺牲的战友罗亦农的遗孀李文宜。

邓颖超和李文宜都曾在中央妇委工作。邓颖超和周恩来到莫斯科后，见到中央妇委“八姐妹”

中的“大姐”蔡畅、“二姐”杨之华、“三姐”李文宜和“八妹”庄东晓。1927年底，邓颖超接替杨之华担任中共中央妇委书记，蔡畅、杨之华、李文宜、庄东晓等八人是妇委委员。而这八姐妹中，有五姐妹参加了六大。

说起八姐妹的由来，还要从邓颖超在她家召开第一次中央妇委会议说起。那是1927年初冬时分的一天，刚从莫斯科中山大学学习回来、在中共中央国际联络处工作的共产党员和中共中央妇委委员庄东晓，化装成装束时髦的少奶奶，坐着一辆人力车来到公共租界一个弄堂口。下车后，她缓步向一幢石库门房子，按照约定的暗号敲门。开门的是一位50多岁清瘦的老太太，她就是邓颖超的母亲杨振德。她小声对庄东晓说：“她们在楼上等你”。

庄东晓走上二楼，只见邓颖超、蔡畅、杨之华、李文宜正在谈话。邓颖超穿着墨绿色的旗袍，头上梳着圆髻，完全是家庭主妇模样。圆圆的脸上，漾着温厚热情的笑容。只有那双清澈的眼睛，不时透露出地下工作者的警惕与机智。她见庄东晓到来，笑着拉着她的手，又招呼蔡畅、杨之华和李文宜，“看看我的新居吧”。她带着她们，楼上楼下，看了一遍，一面说：

“找房子可难了，我不知跑了多少路。既要隐蔽，又不能孤零零地。附近既不能有敌人住，也不能有同志和朋友住。

今天是中央妇委回上海后的第一次会议，中央妇委委员八人，今天到了五位，其他三位有事没有来。为了掩护工作，我建议我们按照上海女工和市民们结拜小姐妹的方式，结成姐妹，如有意外，盘查起来，就说我们是小姐妹聚聚，在一起玩玩小牌。”大家同意，都说小超想得周到。她们算起年龄来，蔡畅、杨之华都是1900年出生，杨之华大几个月，是大姐，蔡畅是二姐。1903年出生的李文宜是三姐。她曾担任中共湖北省委妇委书记和国民党湖北省党部妇女部长。和何家兴结了婚、一起从苏联回来的贺治华是四姐。23岁的邓颖超是五妹。两名工厂女工朱玉如、王根英是六妹、七妹。20岁的庄东晓最小，自然是八妹了。以后见面，她们就用姐妹相称。1950年8月24日，邓颖超致庄东晓的一封信还亲切地称她为"八妹"。同时，邓颖超还用五妹的谐音"伍美"作笔名，写了不少文章。

当时中央妇委实际上主要领导上海的妇女工作，偏重女工工作和宣传工作。这次会议后，蔡畅、杨之华到工厂指导女工工作，李文宜、庄东晓做机关工作。邓颖超主持中央妇委机关工作，常写文章指导女工运动。她有时也换了短衣，和区委妇女部长接头。

1928年元旦，李文宜和罗亦农喜结良缘。趁着拜年的机会，周恩来和邓颖超、瞿秋白和杨之华、李富春和蔡畅、何家兴和贺治华，还有陈独秀等，先先后后来参加罗亦农和李文宜的婚礼。邓颖超特地穿了件紫红旗袍，买了一束鲜花赶来祝贺。陈独秀还扮作圣诞老人，引得大家哈哈大笑。这是在白色恐怖下极其难得的一次欢乐的聚会。可以说，他们是在刀尖上欢聚啊。

不幸的事很快发生。4月15日早晨，罗亦农到赫德路一带去接头，突遭逮捕，由英租界迅速押送到国民党的龙华警备司令部。党组织全力组织营救，但因叛徒出卖，敌人知道罗亦农的身份，很快于4月21日杀害了他。

邓颖超赶到杨之华的住处，只见李文宜正在伤心地痛哭。大家的心情都十分悲痛、沉重。罗亦农在就义前曾留下遗嘱，要他的好友周恩来、邓颖超关心李文宜，继续他的革命遗志，完成他所未能完成的任务。周恩来、邓颖超当然是义不容辞，对李文宜关怀备至，婉言相劝，不时地鼓励她、帮助她。

刚到莫斯科时，痛失亲人的李文宜，还在怀念新婚不久就永别的爱人，成天流泪，连大会文件也看不下去。邓颖超特地来同她一起学习。有时，大家围坐在一起，静悄悄地自学文件，看到李文宜走神，盯着窗外，隔着一张大长方桌坐在对面的邓颖超，就把文件往她身边推，有时还故意说："三姐，三姐，你来看看文件上这段话是什么意思？"李文宜明白，这是让她从痛苦中摆脱出来，集中精力学习啊。邓颖超的关心，温暖着李文宜的心。

蔡畅看到李文宜因为痛苦和伤心，时常一人坐在床上流泪，也开导她："旧社会的妇女因经济不独立，生活要依靠丈夫，丈夫死了就坍了天，所以悲哀。你知道悲能伤人，你是革命的妇女应和她们不同，所以要保养健康的身体，好完成亦农同志尚未完成的革命事业"。蔡畅大姐轻言细语地劝解，使李文宜十分感激。

和李文宜结伴而行到莫斯科的杨之华，也经常鼓励李文宜：千万不能动摇，要坚定。

几名中山大学的学生，临时调来搞文书工作，也作为指定和旁听代表参加六大。她们刻蜡版，字写得非常整齐。每天工作完毕，就相约到松林中散步、唱歌。邓颖超也抽饭前饭后的一点时间，陪李文宜到屋后树林中散步，尽量安慰她。

邓颖超不仅为李文宜哼唱她学来的《武家坡》和《大登殿》中薛平贵的几段京戏唱腔，还哼起在上海时从收音机中学来的《红楼梦》一剧中贾宝玉唱的一首歌叫《我住在西埂之峰》，这是一首十分动听的歌曲。

李文宜问她是什么歌，邓颖超看她有兴趣，便一句句教唱，李文宜也一句句地学唱起来。时隔60年，李文宜还记得当年邓颖超教她唱的几句歌词："人生是渺小的，苦痛只是暂时；要放开眼看大的宇宙，洪荒世界"……她更难忘的是邓颖超对她的深厚情意！邓颖超的歌声嘹亮，唱起来很动听。

李文宜听着、学着歌曲，也觉得心情开朗多了。六大期间，她和中山大学的四位女同志友谊俱增，大家提议结成五姐妹。按年龄，称李文宜为大姐，杜卓强为二姐，谭国辅为三姐，朱自纯为四姐，称孟庆树为五妹。恰好是一个五朵金花的故事。可见当时五一村"银色别墅"里的热闹气氛。

邓颖超和庄东晓合唱《武家坡》

1928年7月11日，中国共产党第六次全国代表大会在莫斯科郊外的五一村闭幕了。在闭幕式上，通过了修改的党章和各项决议案，大会的决议指出中国仍是一个半封建半殖民地国家，中国革命现阶段的性质是资产阶级性的民权主义革命，党的总路线是争取群众，大会选出新的中央委员会后，周恩来宣布大会胜利闭幕！

这次大会气氛热烈，争论激烈，时间安排非常紧张。开始，大会主席团规定的会议时间表是每天上午9时到12时，下午1时至4时开大会，晚上9时到12时各委员会开会。下午5时至8时是休息时间。但后来因为时间紧迫，有时把休息时间也安排为会议时间。担任大会主席团成员和大会秘书长的周恩来，主持会议的全部日常工作。大会期间的16次主席团会议，作为秘书长的周恩来是每会必到。大会的军事工作和组织工作的报告，由周恩来承担，还要参加若干问题的讨论。大会先成立了十个委员会，周恩来参加了七个。后来又成立四个委员会，全部参加。他还在军事等委员会上作报告。邓颖超的工作也很繁忙。她参加了组织、职工运动、妇女、农民四个委员会的讨论，几乎一天到晚，都在参加会议。还要准备发言，参加起草妇女运动的决议草案等。这段时间，大家都忙坏了，也累坏了。

为了调节放松一下气氛，周恩来在宣布大会闭幕后，高声宣布：为了庆祝六大胜利闭幕，大会娱兴节目现在开始！

经过预备和大会一个多月的高度紧张和日夜忙碌，100多位六大代表和几十名工作人员，几乎都感到疲惫不堪。此刻，听得周恩来宣布娱兴节目，大厅中立即响起空前一致的热烈掌声。

中共六大在国外秘密举行，当然不可能请专业演员来表演节目。节目只能指望参加大会的代表和工作人员出场了。只是他们绝大多数是严肃的革命家和战斗者，大多没有参加过文艺活动或有这方面的才能，谁来表演节目呢？

一阵热烈的掌声过后，场上出现了沉默。周恩来不得不让邓颖超帮忙了。他高声喊道：小超！小超！你带个头，出个节目吧！

邓颖超应声而起。她朗声回答：我和庄东晓同志合作，唱一段京剧《大登殿》。我唱薛平贵，她唱王宝钏。

周恩来一听，非常高兴，立即高声宣布：大家欢迎！欢迎小超和东晓的《大登殿》！

代表们马上热烈鼓掌。不少同志十分诧异，都知道邓颖超擅长演说，会演新剧，真没想到，她还会唱京戏。许多代表是爱听京戏的。

邓颖超和庄东晓，落落大方地登上讲坛。没有胡琴伴奏，只好清唱。庄东晓清了清嗓子唱了起来：金牌吊，银牌悬，后院来了王宝钏。用目观，见平贵，头戴龙帽，身穿蟒袍，脚蹬朝靴，端端正正，正正端端，坐在那金銮殿。

她嗓音洪亮，吐字清楚，唱起来还真有点梨园泰斗谭老板谭鑫培的味道。一曲唱罢，满场掌声。大家齐声喊着：再来一个，再来一个！

邓颖超和庄东晓，又合唱了一段《武家坡》。“一马离了西凉界”，邓颖超引吭高唱，声震四座。唱完这段西皮倒板，开始对唱：“八月十五月光明，薛大哥月下修书文，我问他好来，他倒好，再问他安宁，倒也安宁。三餐茶饭，小军造，衣衫破了，自有人缝。”

身在异国他乡，代表们听到这纯粹中国风味的京腔京调，心底激起多少感情的波涛。《武家坡》中王宝钏对薛平贵的满腔柔情，也激起他们对自己亲人的怀念。革命者也是血肉之躯，也有思念家乡、亲人的依依深情。

一个多月来的会议，气氛时而热烈，时而紧张甚至尖锐，大家都已经精疲力竭。现在听到这些声情并茂的唱腔，尽管是业余水平，也仿佛久渴之后吃下一剂清凉剂。人们的情绪松弛了许多，这也正是周恩来要邓颖超带头表演即兴节目的苦心。人们用又一阵暴风雨般的掌声，感谢邓颖超和庄东晓的精彩表演。

蔡畅也上台了，即兴表演她和德国共产党领袖台尔曼相互祝酒的情景。她先摹仿台尔曼，虚拟地举起象征性的酒杯，用俄文说了一句：同志，你好！祝中国革命胜利！她又回到自己。同样举起虚拟的酒杯，用中文大声说：你好！台尔曼同志！祝德国革命胜利！她还热情地对流亡在外的台尔曼加了一句：我的家就是你的家！欢迎你到中国小住！

蔡畅精彩的即兴表演，也激起阵阵热烈掌声。在女同志们的带动下，一些男同志也登台表演了诗歌朗诵、革命歌曲和民歌等。会场气氛热烈而轻松。同志们的情绪和谐、团结了！周恩来的目的达到了。他浓眉舒展，笑了。他多么感激小超对他的密切配合和支援啊。

六大代表在莫斯科郊外开会期间，出于安全特别是保密的考虑，没有安排过外出活动。保卫工作也做得非常严密。难怪瞿秋白在1928年6月15日即六大开幕前几天写给米夫的一封信中，落款处戏称为“监狱之中”。

六大结束后，会议组织了30多名代表到苏联各地参观，如广东的王灼、黎国琼、邝壁清、成文、梁亿才、曹更生；顺直的王子清、李占泉；福建的罗明、孟坚；河南的李鸣；江苏的姜永和、朱松寿、温裕成、蒋云、严朴；湖北的祁松亭、法荣廷、任旭；浙江的钱志康、章松寿；四川的刘坚予、徐活荣；江西的曾文甫、张世熙；奉天的朱秀春；

湖南的成中青、刘义、来耀仙、余驾先、胡德荣；安徽的龚德元；河南的徐兰芝；山东的郭金祥、黄文。而来自江苏的温少泉、陕西的张金刃、山东的丁君羊，曾经报名参加参观活动，但后来又因要参加共产国际六大等原因而改变了计划。

还有的六大代表留在苏联学习军事技术，还有的到莫斯科中山大学给中国学生介绍情况。当时在中山大学学习的杨尚昆回忆，六大代表曾到中山大学作国内情况的报告。

大革命失败后，党的工作重心逐渐转向武装斗争，全党都注重军事、学习军事。因此，六大后，组织代表们进行一个月的军事训练。从来没有拿过枪的邓颖超，兴致勃勃地和蔡畅、杨之华、李文宜等一起参加军训。

正在苏联学习军事的刘伯承和一些苏联同志被请来当教官，对代表们进行队列、射击训练、巷战训练等。

邓颖超在直隶第一女子师范学校学习时就喜爱体育。当小学教师时也教过体育。队列训练时，她学得又快又好。

代表们还一起学习枪支知识。练习拆卸枪支时，还用黑布蒙上眼睛。比赛时，看谁拆卸得最快。邓颖超的手指修长又灵活，她又特别聪明，心灵手也灵巧。在拆卸枪支比赛中，她又得了第一名。要求严格的刘伯承教官也夸奖她了。

邓颖超兴奋地对李文宜说：三姐！看起来咱们女同志完全可以拿起枪，和男同志们一起战斗？李文宜笑着说：谁说不是啊，你不是早就演过花木兰吗？

他们还用水瓶练习投掷手榴弹技术。女同志臂力不如男同志，好胜心强的邓颖超只好认输了。

他们还练习过城市巷战。有同志一定要女同志当“俘虏”。邓颖超第一个反对。她说，打仗要靠战略战术，不能光凭气力。女同志靠智慧和技巧，一样能够取胜。不信，就试试！

在一次练习夜战的训练中，邓颖超指挥女同志们灵活作战，果然“俘虏”了戴眼镜的瞿秋白和文弱的蔡和森。他们也高高兴兴认输了。

最使邓颖超高兴的是，这次莫斯科之行，她有机会会晤国际无产阶级著名的妇女领袖蔡特金。蔡特金当时已是70高龄，身体有病，行动很不方便，正在莫斯科不远的乡间休息。一个晴朗的夏日早晨，邓颖超和几个同志，乘着英国工人参观团女工访问蔡特金的机会，一起专程去拜会蔡特金。

她们到了指定的集合地点，然后乘着准备好的汽车，向蔡特金的住所进发。行程中，邓颖超有机会和英国女工们接近、相见，相互歌唱于途中，非常兴奋和快乐。约两个小时后，她们到达了目的地。

蔡特金的住所，是一个不大的花园里一幢木质精致小楼。邓颖超她们一到，就有人来领着她们在客厅中等着。经过的房间和客厅都布置得整洁、简单而美丽。大约5分钟后，房门开处，蔡特金出现在她们面前。蔡特金满头白发如银，邓颖超和大家一起热烈鼓掌向她致敬，又和大家一起顺序走到她面前和她握手。蔡特金慈祥地逐一亲吻邓颖超和英国女工的脸颊。

蔡特金向她们讲话了，邓颖超听到，她的每一句话都清晰有力，声如洪钟，慷慨激昂，有高度的讲演天才。当她讲到英国工人在英帝国资本家高压剥削下呻吟痛苦的悲惨生活，大家都被她的话感动得沉默低首，有的在微微叹息，有的流出热泪，甚至发出哭泣声。蔡特金自己也声泪俱下，表现出她对英国及全世界工人的同情和关切。当她指出无产阶级及被压迫者特别是妇女的解放道路时，她的必胜的信心和阐述真理的力量，立刻使大家感到光明照耀眼前，原先压抑的空气一变而为活跃鼓舞的心情。

邓颖超深深感到，蔡特金真是一位能掌握群众，领导群众走向为人类解放而斗争的组织者和领导者啊。和蔡特金的会晤，增添了邓颖超毕生为无产阶级和广大妇女奋斗的勇气和信心。

带着美好的印象，带着兴奋、期待、信心和希望回国。邓颖超列席六大后，顺利地回到上海，投入新的战斗。

赵毅敏为接应中共六大代表回国做工作

曾经到法国勤工俭学，后又到苏联学习的赵毅敏，为接应六大代表回国，做了不少工作。

出生在河南滑县的赵毅敏，父亲是小学校长。1917年考上留学欧美的预备学校，1923年考入河北大学，1924年到法国勤工俭学，在雷诺汽车厂做工。1925年，他参加了声援国内五卅爱国运动的罢工后，法国当局将他抓捕入狱。在监狱里，他认识了孙松亭、陈国贞等共产党员，从此，走上了革命的道路。1926年，他在莫斯科由共青团员转为共产党员。

中共六大在莫斯科召开时，赵毅敏正在莫斯科东方劳动者共产主义大学（简称东方大学）学习。他先在中文班学习，以后又学习俄文并当过一段时间的翻译。六大结束后，许多代表要回国。中共中央也准备派遣莫斯科中山大学、东方大学的毕业生回国工作。当时国内革命形势发展，需要大批人员回去工作。但因为国内白色恐怖十分严重，有些人不愿意回国。但赵毅敏和班上最要好的同学罗世文却渴望早日投身国内的实际斗争。

罗世文是四川人，曾任共青团重庆地委书记。他是1925年受党委派到东方大学学习的。他担任团支部的宣传部部长，赵毅敏是组织部部长。于是，他俩一起写了回国报告。经过争取，赵毅敏于

1928年11月从苏联回国。

这批回国人员共27名。他们来到中苏边境上，联络站负责人说要两三个人先到中国境内背一批衣服过来。因为在苏联穿的都是西装，回国时必须穿中国服装。别人都不太愿意去背衣服，于是，赵毅敏自告奋勇。一位来自上海的老工人，也是一名共产党员，他表示愿一块儿去。于是，他俩过境将中国衣服装在麻袋里，再步行背过国境。赵毅敏后来回忆说，东北冬天积雪很深，背着东西在雪里跋涉，极为艰苦。在雪里背出一身汗，风一吹，冷得要命。

到了哈尔滨，苏联接待站的人对赵毅敏说："你是个好同志，留下你帮我们做一年工作，然后再送你到上海去。"赵毅敏开始婉言谢绝。不料接待站的人说："这个问题我们会对你们中央说清楚的。"这样，他就被留在了哈尔滨，任务是组织一个交通局，在共产国际的领导下，把去苏联出席中共六大的代表们安全地接回来，再安全地送往全国各地。除了六大代表，还有一些从中山大学、东方大学毕业的学生经过这条路线秘密回国。

赵毅敏

于是，赵毅敏在满洲里、绥芬河设立小杂货铺等做掩护，作为过路站。直到1929年发生中东路事变，哈尔滨战火纷飞，车站和城内的好多房屋都被飞机炸毁了，赵毅敏才被迫停止在哈尔滨的工作，来到中共中央所在地上海。

六大结束后，有不少代表经过当时苏联远东的海参崴、东北回国。如罗章龙、项英、毛简青、丁君羊、刘慎之、罗明和夏曦等浙江代表等。

1928年8月，罗章龙和项英偕第二批中委及工作同志毛简青等22人从莫斯科起程，经哈巴罗夫斯克（即伯力）、海参崴，经绥芬河回国。现在还没有查到这批同行的22人的名单。但从现有线索分析，项英既是中华全国总工会党团书记，也是江苏省代表，毛简青则是湖南省代表团书记。所以，这批22人中，至少有部分湖南、江苏代表一起回国。湖南共有八名代表，即罗章龙、陈海清、何资琛、毛简青、丁继盛、成中青、刘义、胡德荣，是一批回国的。江苏代表团共有12名代表，除项英外，还有徐锡根、郭纯志、王若飞、姜永和、陈治平、朱松寿、温裕成、蒋云、温少泉、蔡畅（女）、严朴。除了王若飞留在莫斯科工作外，其余代表大多回国。但是否和项英同行，就不得而知了。

福建代表罗明回忆，他是和浙江代表即夏曦、钱志康、章松寿、来耀先、余驾先一起，经海参崴回国的。

六大的山东代表团共三个人，即丁君羊（即丁基实）、郭金祥、黄文。加上丁君羊在莫斯科中山大学读书的未婚妻于培真，一共4人同行回国。据丁君羊回忆，他们是在共产国际六大结束的两周以后决定回国的。共产国际六大是9月1日结束的。所以他们决定回国的时间应该是9月中旬。而回国前，他们又在莫斯科停留了约两周，浏览了莫斯科市区和近郊的一些地方。照此推算，山东代表是9月下旬或10月上旬从莫斯科动身的。

他们一行四人。从莫斯科坐火车到海参崴后，他们住在满是树林的一座旧别墅里，等了约两三个星期，不准随意外出，但在这里有中国饭菜吃。出发时间确定后，他们乘火车前往绥芬河（旧称五站），这是中俄边境的一个小站。

他们在离绥芬河最近的、俄国境内的火车站下车，在一间小房里住了一天。第二天晚上，有一位苏联向导领着他们爬山越岭，穿过莽草丛生的山林，天快亮时才越过边界，躲在边界线的中国境内。

绥芬河火车站的站台前面，为了铺铁轨，筑起约二三米高的路基。他们就躲在路基下边，由苏联向导到站里替他们买了车票，分给大家。等火车开行前两三分钟，大家奔出来爬上火车。他们穿着不中不西的各式服装，路警一时搞不清是哪里来的旅客，火车就要开动，只好让他们上去，无法检查留难。

火车走了一整天时间，到了哈尔滨，各自找投宿住处。他们从哈尔滨到大连，再由大连乘轮船到青岛。到青岛已是10月末。

10月初，周恩来也离开莫斯科回国。龚饮冰在回忆中提到，据说周恩来是从绥芬河回国，周恩来和罗章龙、王德三即王懋廷一同从绥芬河入境的。周恩来、罗章龙由于昼伏夜行，又逢大雨，衣服和捆在腰里的文件都淋湿了，所以决定在哈尔滨暂住休整几天，烘干文件。龚饮冰回忆罗章龙从绥芬河回国，和罗章龙本人的回忆是一致的。但也有不一致之处。如罗章龙说，他是和项英偕第二批中委及工作同志毛简青等22人从莫斯科回国的，并不是三个人；从绥芬河过国境时是四个人同行，也没有提到周恩来。这难免会使人感到有些奇怪。如果有周恩来同行，罗章龙不应该忘记。虽然过国境时是分散行动，但一路同行至少有三个星期。所以，龚饮冰所谈是否完全准确，有待进一步核实。周恩来经过哈尔滨倒是事实。他在途经沈阳时，还向中共满洲省委进一步传达了六大精神，然后于11月初回到上海。这和罗章龙回忆说1928年冬初回到上海也是大体一致的。

顺直代表刘慎之说，六大散会后，他是从东线，从海参崴经东北回国的。估计他也是从海参崴经绥芬河过的国境。他回国的时间是1930年初。

王翘作为共青团代表出席中共六大、后又出席了少共国际代表大会。他回忆说，因为他受不了苏联冬天太冷的气候，周恩来问他愿不愿在莫斯科大学念书时，他表示要回国。回国时，他经苏联同志引路，于夜晚偷越国境，回到了哈尔滨。

多个国际代表出席中共六大开幕式

1928年6月18日下午1时，中共六大开幕式在莫斯科郊外幽静的银色别墅举行。代表们怀着兴奋的心情，出席了六大开幕式。昔日沙俄贵族庄园主的宽大厅堂，坐着来自中国的100多位代表和共产国际、兄弟党的代表。

当中国革命遭遇重大挫折，几十万烈士的鲜血洒遍中华大地，革命到了紧要关头，六大代表们将在一起总结大革命的经验教训，进一步明确中国革命的性质、任务和当前形势，制订党在新时期的路线、方针、政策，与会者无不感到兴奋激动，同时胸膛中升腾起一股庄严的使命感。

……

参加中共六大开幕大会的，除中共代表外，还有共产国际、少共国际、赤色职工国际的代表以及意大利、苏联等国共产党的代表。布哈林出席了大会。

大会议程共六项。主持人宣布开会为第一项，第二项议程是唱《国际歌》。

大会第三项议程是，追悼牺牲同志。向忠发在会上致词："我们党在1927年第五次大会后，我们党的同志与一切帝国主义、豪绅资产阶级、地主军阀等敌人奋斗。在战场上成千上万牺牲了的工农群众与我们的同志，以及许许多多的同志受异常的残酷的刑讯，或拿到监牢里的，到处都有，牺牲人员的名单不能详细记录，……广东、南昌、江苏、两湖，几次暴动死的英勇的烈士非常之多。大会对于过去死难的同志和其他的烈士，英勇的无产阶级的先锋战士，应当表示热忱的哀悼，我们应当起立默哀。”在大会主持人宣布后，全体起立，对过去死难的同志和其他烈士默哀三分钟。会场上的气氛顿时凝重起来，有些代表忍不住唏嘘不已，还有的代表禁不住失声痛哭。

大会第四项议程是，通过大会主席团、秘书长和副秘书长、代表资格审查委员会名单。(1) 六大的大会主席团共由21人组成。他们是：曾文甫、项英、徐锡根、余茂怀、关向应、向忠发、王凤飞、李立三、王灼、蔡和森、杨殷、邓中夏、胡福田、周秀珠、毛简青、王藻文、苏兆征、周恩来、瞿秋白、斯大林、布哈林。(2) 六大的大会秘书长、副秘书长是：秘书长周恩来；副秘书长黄平、罗章龙。(3) 六大的代表资格审查委员会由七人组成。他们是：苏兆征、周恩来、王仲一、杨殷、徐锡根、李子芬、毛简青。主席苏兆征。

大会开幕式的第五项议程是，瞿秋白以第五届中央委员会名义向第六次全国代表大会致开会词。他指出：“我们都知道，中国的革命在我们党的第五次和第六次大会的中间，转变到一个很严重的危急时期。自从民族资产阶级的代表者，工农的刽子手的蒋介石，公开宣布叛变革命以后，先后在沪、粤实行大的屠杀，使革命遭受重大的部分的失败。嗣后武汉政府的叛变，革命的队伍由南昌暴动而到广州的暴动，更牺牲了很广大的革命战士，这算是第二次的失败了。”

“其次则由广州的暴动的失败而转到一个更为严重的状态里，一切的反革命力量，无论封建的、资产阶级的、帝国主义的都是一致的行动，来压迫我们，屠杀我们，甚至集合全力来消灭我们，这算是第三个失败时期了。可是中国共产党，始终是领导中国工农群众，团结于自己的周围，与国际帝国主义及一切的反革命作坚决的斗争。这一点是含有很伟大的历史意义的”。

他指出：“当时中国的革命，进展到了土地革命的阶段中，阶级的冲突，益加显明，因此，戴季陶、胡汉民、汪精卫，不能不先后叛变革命而变为反革命。国民党更为一切反革命的中心和帝国主义的新工具。在这种大转变的过程中，我们曾有无数同志领导工农战士以全力与敌人奋斗，而致牺牲。他们流下来的血创造了伟大的历史光荣。可惜在这种情形之下，我们党的中央不但不能领导群众加紧这种英勇的斗争，解决当时的重大任务，并且自己陷入了机会主义的前途，使革命受莫大的打击。”

“说到这里，我们就很明白中国革命失败的原因，并不像顾孟馀、陈公博、邓演达等所说的跳过了时代的要求，而是中共中央走了机会主义的道路。好在我们在国际的正确指导之下和中国广大革命群众的情绪高涨中举行了八七会议，得在组织上极力纠正机会主义的根基，在工作上开始走上了布尔塞维克的道路。现在到了这次大会，可以说是到了完全肃清机会主义的残余，使本党走上很健全的地步了。”

瞿秋白认为：“这次大会的意义，不仅关于中国革命是很重大的，关于世界革命也是很重大的。因此，希望大会全体同志，都能充分的发表意见，使党得以纠正一切错误，成为一个布尔塞维克主义的党，而消没一切非无产阶级的倾向。”

瞿秋白号召：“大会一方面要肃清机会主义的残余，另一方面也要肃清一切变形的机会主义，使党完全布尔塞维克化。我们相信中国共产党，是无产阶级的觉悟者，我们相信中国共产党第六次大会一定能够将一切不正确的倾向纠正到正确的路线上来。我们相信，中国共产党只有如此才能在国际的指导下完成中国革命，进而完成世界革命！”有代表回忆：因为当时天气较冷，瞿秋白在大会上穿着一件浅黄色的粗呢长大衣。

大会的第六项议程是，共产国际代表、意大利等国共产党代表致祝词。

共产国际执行委员会代表安贝尔·德罗致祝词。他强调："伟大的中国革命，使各国成千上万的工农群众都来同情，因为中国革命，是反帝国主义反封建军阀及资产阶级伟大的热烈的斗争，中国的革命不是民族的，而是含有世界革命的意义。"

他指出："在中共反帝国主义与封建军阀间，也曾有过很大的困难，就是内部曾发生机会主义，可以[是]现在都已经走上正确的路线。"他认为："中国党目前最主要的任务，是肃清机会主义的残余，组织更广大的工农群众反帝国主义封建军阀及资产阶级国民党的政权。过去在两湖上海广东各地牺牲了很多的同志。但是他们都是为创造新的中国、建设苏维埃政权而牺牲的，我们庆祝将来中国革命的成功。"

安贝尔·德罗是瑞士人，俄国十月革命后开始倾向共产主义。他参与了瑞士共产党的创建。1921年开始任共产国际执行委员会书记。他代表共产国际向中共六大的召开表示祝贺。可能因为瑞士和意大利都在欧洲，人的外形相似，有的中共六大代表便把安贝尔·德罗当成了意大利人。

埃尔柯里即陶里亚蒂，曾参与创建意大利共产党，后担任意大利共产党中央机关报《共产主义者报》总编辑。1924年当选为共产国际执行委员会委员、主席团委员。1926年赴莫斯科，代表意共参加共产国际领导机构，任共产国际执行委员会政治委员会委员。

他代表意大利共产党向中共六大召开"致以无产阶级的敬礼"。他指出："中国共产党在秘密困难和白色恐怖之下，进到反帝国主义封建军阀资产阶级的运动。意大利共产党与中国共产党的联合是非常重要的。"他说，意大利的工人和农民同情中国的革命，"相信中共一定可以战胜困难，完成他伟大的历史的任务。"他认为：中共六大的召开，"是为的计划未来的工作”。他相信，中国共产党一定能够在第三国际即共产国际的指导之下，及苏联共产党帮助之下，完成其伟大的使命。他还表示，不但中国革命可以很顺利的成功，而且可以很顺利的推动世界革命的成功。

布哈林代表联共（布）向中共六大致祝词。1912年，布哈林与列宁结识，并开始为布尔什维克报刊工作和撰文。1917年2月革命后回到俄国，参加了莫斯科武装起义。十月革命胜利后，成为联共（布）党内著名的理论家。1920年当选为共产国际副主席。1924年5月当选为联共（布）中央政治局委员。

参加中共六大的联共（布）代表布哈林

有的六大代表回忆，布哈林的身材比其他苏联人矮小，但精力充沛。

布哈林在致词中指出：“各位同志离开中国到此地开会是很不容易的。目前中国的白色恐怖，这种亚洲式的屠杀，是最残酷的，世界找不到的”。军阀帝国主义一切反动力量一齐向中国工农进攻，中国共产党是代表中国劳苦工农阶级的。中国革命决不能因这种压迫而低潮的。在这次大会可以看到各位热烈革命的情绪。

他提醒说：“我们不独要用愤激的态度反对敌人，而且要用冷静的头脑解决一切所有的问题。”“我们要很好的应用我们的力量，我们的群众我们策略能给敌人以重大的打击，得着最后的胜利，这是列宁同志所教训我们的。”布哈林提出：“我们应更广大的组织工农群众，坚决的准备工作，以待新的革命的潮流的新高涨。”我们应好好的组织群众，每一分钟、时时刻刻准备我们的群众，好打击我们的敌人帝国主义、军阀、资产阶级。他强调：“希望这次大会能得到很好的成绩”。

福京（又译为福金）作为少共国际（亦称青年共产国际）代表向中共六大致祝词。他1926年任青年共产国际驻华代表。1927年任青年共产国际执行委员会东方部部长。1928年起为全苏列宁共产主义青年团驻青年共产国际代表团成员。

福京在致词中，代表少共国际向中共六大表示欢迎。他指出，“特别欢迎中国各地的战士，因为许多代表都是各地工农群众的组织者，曾经领导许多工农群众在两湖广东江苏各省实际工作，及指导暴动的同志，大家现在一齐讨论实际工作问题，我相信一定可以得很好的结果，少共国际相信中国少共是个很好的支部，定可给党很多的帮助，给以很多的工作人材，很能执行党的决议和指示”。他代表少共国际祝愿中国革命成功。

除了共产国际、意大利共产党、苏联共产党、少共国际的代表致词外，还有法国、日本、英国、捷克斯洛伐克、伊朗、美国等国家的共产党代表向中共六大表示祝贺。

法国共产党代表于大会第4日即6月21日，向大会致祝词；日本共产党代表和英国共产党代表，于大会第5日即6月22日向中共六大致祝词；捷克斯洛伐克共产党代表和波斯（即伊朗）共产党代表于大会第6日即6月23日致祝词；美国共产党代表于大会第10日即6月27日向中共六大致祝词。

这样，除共产国际以外，共有八个国家的共产党组织向中共六大表示了祝贺。这也是中共成立以来同其他国家共产党接触最多的一次党的全国代表大会。

为营造更热烈的会议气氛，给中共及六大代表们以鼓舞和帮助，也更好体现各国共产党之间的团结和支持，米夫曾于六大开幕后的6月19日，从五一村写信给莫斯科的联共（布）中央委员、共产国际执行委员会书记、政治书记处委员皮亚特尼茨基，"恳请"他"在最近一两天内组织兄弟党给我们这里发书面贺词，特别希望有英国、日本、美国共产党和一些东方党的书面贺词"；还请皮亚特尼茨基和斯大林商量一下。如果他本人不能到这里来，最好能得到他的书面贺词。从此后的情况看，米夫的努力没有白费。法国、日本、英国、美国以及捷克斯洛伐克、波斯共产党代表不仅准备了贺词，而且还都派代表来到五一村，向中共六大表示祝贺。美中不足的是斯大林没能到场，书面贺词也没有见到。

中共六大上，来自中国共产主义青年团中央和中华全国总工会的代表也致了祝词。

中国共产主义青年团中央代表关向应在祝词中讲到：中国共产党是伟大的指导的党，六大的召开是有很大的历史意义的。"我们相信从此更能加紧的布尔什维克化，走上正确的道路，完成他伟大的使命——中国革命。我们今天代表中国少共请求大会号召全党同志起来注意青年运动，解放中国一切被压迫的青年！"

中华全国总工会代表苏兆征，代表中国的工人阶级向中国共产党第六次全国代表大会表示"极诚恳的敬礼"。他指出："中国工人阶级过去英勇斗争的历史，曾经动摇了统治者——帝国主义、军阀、豪绅资产阶级，地主的基础。现在工人阶级经过了几次失败，但是工人阶级还在用尽所有的方法在团聚自己的力量，准备对敌人作最后的战斗。中国共产党——我们工人阶级唯一的领导，将要在新的高潮里，尽他的指导的作用，领导全国工人阶级的斗争，虽然过去有许多错误，但是这次大会必定能够扫除这一切过去的错误，确定正确的方针，来领导我们——中国的无产阶级作最后的斗争！"

共产国际、兄弟党和团中央、全国总工会致完贺词后，瞿秋白代表大会主席团致了简短的答谢词。他表示："在共产国际执委会、青年共产国际、兄弟的意大利共产党和俄国共产党（布）的代表讲话以后，我们对于党代表大会的意义和任务的认识就更清楚明确了"。"必须注意，在这次大会上尽快讨论中国革命的一切基本问题，为革命的继续发展确定一条正确路线，以便在中国建立苏维埃政权"。他还表示："必须全力争取实现我党的布尔什维克化"。讲话结束后，他还高呼口号：共产主义万岁！马克思列宁主义万岁！中国共产党万岁！共产国际万岁！世界革命万岁！全世界无产者联合起来，保卫苏联和中国革命！世界革命胜利万岁！

接着，代表们在会场上唱起《少年先锋队歌》。歌毕，大会主持人宣布休会。

出席六大开幕式的邓颖超，印象最深的是来自马克思故乡的德国共产党代表台尔曼，邓颖超回忆，台尔曼精力充沛，祝辞热情有力。但查阅当年的档案，并没有发现有德国共产党代表在中共六大上致词的记载。除了上述的几名外国人：瑞士人安贝尔·德罗、意大利人陶里亚蒂、俄国人布哈林，俄国人福京，并没有见到其他关于台尔曼的历史记载。但在中共六大结束后即召开的共产国际六大上，台尔曼不仅参加而且致词。当事人是否把这两次大会混淆了，台尔曼是否出席了中共六大，还需要进一步核实。

瞿秋白主持大会主席团第一次会议

大会开幕的当天晚上，即1928年6月18日晚，大会主席团召开第一次会议。

会议在瞿秋白主持下，讨论通过了由大会秘书处（也称秘书厅）起草的大会议事日程、大会议事细则和大会会场规则。按理说，这些事务性的准备工作，应该在大会开幕之前、在预备会议时完成。但六大则是在大会开幕的当天晚上正式通过大会的日程等程序的。在某种意义上，也可以说，六大准备的时间还不是太充裕。否则就应该在开幕式前的预备会议上完成相关工作。

一、关于大会议事日程

根据会议的安排，大会从6月18日开始。

其具体安排如下：

1．共产国际代表报告——报告人布哈林；中共中央政治报告——报告人瞿秋白。以上报告两天，讨论四天，共六天。

2．组织问题报告——报告人周恩来。以上报告和讨论共一天。

3．农民和土地问题报告——报告人李立三。报告和讨论共一天半。

4．共产国际代表党纲报告——报告人布哈林，一天。

5．关于章程草案报告——报告人邓中夏；关于苏维埃问题报告——报告人苏兆征；各小委员会报告。以上三项报告共一天。

6. 军事报告——报告人周恩来。报告及讨论共一天。

7. 职工运动报告——报告人：向忠发、国际代表格勒尔报告和讨论一天。

8. 宣传问题报告——报告人蔡和森，妇女运动报告——报告人周秀珠（六大正式代表、纱厂女工周秀珠被选进大会主席团，并代表中央妇委在大会上报告中国妇女运动。为作好这个报告，邓颖超、蔡畅、杨之华和周秀珠一起讨论，最后由邓颖超执笔起草），青年运动报告——报告人关向应。（共13项报告）以上三项报告与讨论共一天。

9. 通过各项议案共两天。

10. 选举第六届中央委员会一天。

按照上述安排，中共六大的时间非常紧张。计划16天半开完的大会，实际超过七天半，共用24天。因为大会开幕和闭幕式还需要时间，大会讨论特别是政治报告的讨论由四天长到七天，职工运动的报告和讨论也由计划的一天长到三天。

二、关于大会的议事细则

六大的议事细则，由1928年6月18日晚的大会主席团第一次会议通过，共有10条：

1. 大会逐日议事日程由主席团拟定宣布之。

2. 每次会议中如有议事日程以外的临时问题，应在该次会议议事日程进行完毕或得到主席团允许后，才能提出讨论。

3. 每种问题讨论之开始，应在该项问题报告之后，由主席团征求同志发言，然后进行。

4. 愿意发言的同志，应当用纸写上自己的代表号提交值日主席，到开始讨论时由值日主席指定发言。

5. 发言时应站在主席台旁之发言台上。

6. 讲话时间，正式报告与副报告由主席团预先决定。讨论发言，每项问题每人至多三次：

（1）对于政治报告之讨论，第一

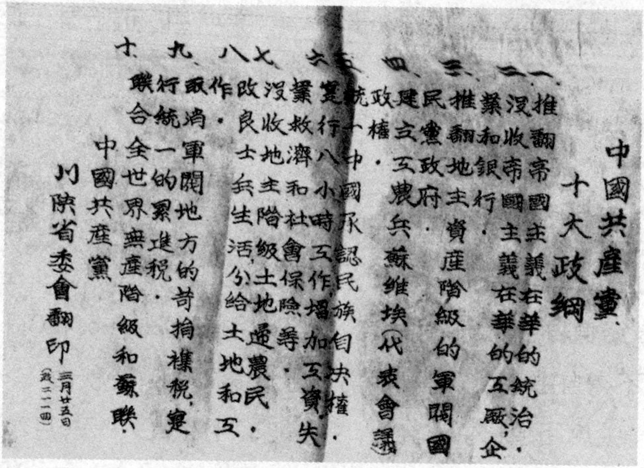

中國共產黨十大政綱

一、推翻帝國主義在華的統治．
二、沒收帝國主義在華的工廠企業和銀行．
三、推翻地主資產階級的軍閥國民黨政府．
四、建立工農兵蘇維埃（代表會議）政權．
五、統一中國．承認民族自決權．
六、實行八小時工作，增加工資．失業救濟和社會保險等．
七、沒收地主階級土地還農民．
八、改良士兵生活．分給土地和工作．
九、取消軍閥地方的苛捐襍稅，寔行統一的累進稅．
十、聯合全世界無產階級和蘇聯．

中國共產黨

川陝省委會翻印 三月廿五日（戳二一一四）

中共六大十大政纲复印件

次至多40分钟，第二次15分钟，第三次五分钟；（2）对于其它问题的发言，第一次20分钟，第二次15分钟，第三次五分钟。有特别需要时，得主席或大会之许可后可延长之。

7．发言者应先报告自己之号码。

8．发言时如涉及讨论范围之外的问题时，值日主席有权制止。

9．讨论终结时，由报告人收集各方面意见作出结论，交各该委员会讨论后，向大会报告结果，并提出决议案由大会通过。

10．表决以出席会议的有表决权的代表之多数为标准。表决时代表应举起表决权票为号。

三、关于大会的会场规则

六大的会场规则由大会秘书处起草，也在主席团第一次会议上通过。共有五项内容：

1．开会时间，每日（从6月18日起）上午9时至12时，下午1时至4时。下午5时至8时休息。晚上9时至12时为各委员会会议。

2．每次召开会议以振铃（小铃）为号，不得迟到超过五分钟。

3．召开会议后，在已到会场的正式代表超过正式代表的半数时，主席即有权宣布进行议事日程。

4．开会时，会场秩序由主席团值日主席维持，值日主席有权调节一切举止行动；主席团值日主席由主席团成员轮流担任。

5．未经值日主席宣布散会，正式代表不得自由离席；如有特别理由，应得主席团值日主席允许，方能离席。

此外，会议还讨论决定将主席团成员划分为五个组，每天上、下午各由一个组主持会议。分组如下：

第一组：布哈林、斯大林、苏兆征、项英、王凤飞。——6月19日上午；

第二组：向忠发、关向应、杨殷、周秀珠。——6月19日下午；

第三组：周恩来、王灼、余茂怀、胡福田。——6月20日上午；

第四组：瞿秋白、李立三、王藻文、毛简青。——6月20日下午；

第六组：邓中夏、曾文甫、蔡和森、徐锡根。——6月21日上午。以下循环类推。

六大的会务工作在主席团的主持下，井然有序的进行。

瞿秋白的报告代表们讨论七天

政治报告的讨论是中共六大各项议程特别是报告讨论中花时间最长的一项日程。从1928年6月19日到6月29日，大会用于政治报告和讨论的时间为11天，占六大共用24天时间的将近一半。11天中，大会听取了四个报告即共产国际代表布哈林和中共中央代表瞿秋白的口头报告、青年团中央代表关向应的政治副报告、向忠发关于出席共产国际执行委员会第九次扩大会议的报告。两个结论，即瞿秋白和布哈林分别向大会作政治报告讨论的结论。听取了六个兄弟党代表即法国、日本、英国、捷克斯洛伐克、波斯（即伊朗）、美国共产党的祝词，通过了致法国、德国共产党代表大会的贺电。

在政治报告讨论中，因为报名发言的代表十分踊跃，仅最后一天的讨论就有20人发言。所以，大会讨论政治报告的时间不得不延长，并且对指定及旁听代表如中山大学学生的发言加以一定的限制，对每位发言者的发言时间进行了限制。在这一过程中，大会主席团对于临时出现的各种问题，随时进行了讨论并分别作了处理。

6月19日，是大会第二日。共产国际代表布哈林向大会作政治报告《中国革命与中国共产党的任务》。

当天晚上，大会主席团召开第二次会议。会议在向忠发主持下，首先听取了代表资格审查委员会主席苏兆征关于出席代表情况的报告。周恩来作了补充说明。他说明了中央关于召集六次大会通告规定的500名党员选代表一人的比例。说到这里，苏兆征插话说：500个党员选派代表一人的比例是对党员多的省份的规定；同时，选派代表的多少，还考虑了各省的地位和工作的重要程度。周恩来接着说明，广东、江苏在中央通告发出后向中央要求多派代表参加大会，是经过中央许可了的。报告与说明之后，进行了讨论，最后以多数赞同通过维持原来代表资格审查委员会关于广东15票表决权和江苏12票表决权的决定。

会议讨论了各省关于调中山大学和东方大学学生参加大会并于会后回各省工作的请求，决定湖南、湖北各调给三人（调给湖南的是涂作潮、左镇南、汪廷观），其他各省一律不准，以保持大会之秘密。

讨论中，李立三提议：中央指定的中山大学和东方大学参加大会的学生全部都给以发言权。会议多数赞成通过了这一提议。会议还讨论了大会的开会时间，决定：上午和下午的开会时间不变；晚饭时间改为晚6时；晚上7时到夜12时为各委员会会议时间。

6月20日，大会第三日。瞿秋白代表第五届中央委员会向大会作中央政治报告。

此前，他已于4月为中共六大准备了书面报告：《中国革命与共产党——一九二五至一九二七年的中国革命》，全文2.6万字。共分为三章十节。第一章为中国革命领导权之争，下分二节，第一节为中国革命的性质与阶段；第二节为国民党问题与革命斗争方法；第二章为中国共产党之过去与前途，下分四节即，第一节，中国共产党与机会主义；第二节，八七会议；第三节，十一月中央会议；第四节，广州十二月暴动。第三章为中国革命当前的问题，下分四节。第一节，谁得着革命的领导权；第二节，武汉反动与广州暴动；第三节，五大矛盾；第四节，共产党的任务。另有两个附录：（一）中国革命中无产阶级的新策略；（二）广州暴动之意义与教训。

在书面报告前，瞿秋白写了一段文字说明，意思是：因为时间迫促，还有预定的题目没有来得及做。这些题目大概是：（一）职工运动问题；（二）土地问题党纲的历史与农民革命运动的问题；（三）兵士问题；（四）党的组织问题。因为考虑要做专篇，上述内容在书面报告中都只是大体提及，没有展开。同时对一般的总的政治结论与革命中的当前的问题，也是只提出大体的分析。这些任务应当是在上述那些问题的详细研究之后，再作解答的。瞿秋白希望大家能对他的报告发表意见。六大召开时，《中国革命与共产党》油印发给全体代表，并出版了单行本。

瞿秋白

瞿秋白在六大的口头政治报告分为五个方面：1.中国革命问题。谈到中国革命性质、革命阶段和革命失败的原因。2.过去教训。谈到党内存在的机会主义。3.现在阶段。说到盲动主义的危险。4.革命形势。5.党的任务。他特别声明，口头报告所讲的是在书面报告未展开的、未尽说的意思。书面报告中已说过的，不详细说。

第一部分为中国革命问题，首先涉及的是革命性质问题。瞿秋白进行分析，结论是：中国革命是反帝国主义的资产阶级民权革命，社会内容主要的，在现阶段，是土地革命，有确定转变成为社会主义革命的趋势。第二，革命阶段问题。中国革命第一阶段是民族资产阶级参加革命的阶段，可以说是五四运动开始前的准备。第二阶段是蒋介石公开的叛变时期。第三个阶段是我们暂时失败的时期。一切革命的任务都没有解决，所以依然是资产阶级民权革命。第三，中国革命之失败。要说到失败的主观原因是党的机会主义，同时也有客观原因。第四，国民革命与阶级斗争。在目前阶段，苏维埃革命阶段，也要有政纲，要使民众和社会各界都知道我们要干些什么。过去因为对阶级斗争与国民革命的观点不明，数遭机会主义的失败。

第二部分为机会主义问题，这是过去的教训，首先要明确的是机会主义的理论。其次是党的历史上的几个问题。如三大讨论加入国民党的问题，1924年孙中山北上问题，北伐问题、上海暴动问题。瞿秋白认为，党的五大后，中央没有整个的路线。鲍罗廷、罗易与中央又有许多不同的意见。马日事变后，中央秘书处满天飞，随后便是"散伙政策"。最后，中国式的机会主义。将中国机会主义的形式同俄国的少数派（孟什维克主义）相比较，是很有趣的，都是将领导权送于资产阶级。

第三部分为盲动主义与暴动政策。首先说到八七会议。这是中国共产党的重要关键。如果没有八七会议，我们的党不知成了什么东西。八七会议后有了新的生命。虽然它还有不彻底明了的成分。在批评江苏工作时，江苏省委委员、国民党的党团书记王若飞插话，说明欢迎汪精卫不是他的主张。八七会议在组织上提出党的机关工人化口号，但却出现了反知识分子的倾向。第二，军阀混战与十一月会议。广东暴动的意义是开始了中国苏维埃的阶段。第三，广州暴动之后。党在寻找新的工作方法，取得群众。以前党的政治教育没有充分的注意，这是很大的缺点。现在要谈到党的组织与纪律问题。组织上的纪律必须执行。

第四部分为中国革命现在的形势。他认为，关于革命形势的答案应当包括三层意思。（一）广州暴动开始革命的新阶段，苏维埃的阶段。（二）革命客观上是走向高潮，是向上涨而非低落，亦非停滞。（三）现在革命的高潮还没有，但是许多高潮将到的象征已经可见。瞿秋白虽然在报告中批判了“左”倾盲动主义，但实际上仍然坚持革命高潮论，不承认革命处于低潮。这些提法，受到与会者不同程度的反对。但也有代表王翘说，关于当时中国是革命高潮的说法，在六大会上没有人反对。

第五部分为目前党的任务。瞿秋白认为，首先，要准备总暴动方针。中心工作是争取群众。今后的工作，在政治的路线上要有真正布尔什维克的路线；在组织上要有“美国主义化”的秩序，迅速整齐的精神；从小小的技术工作起，一直到整个的政策问题，都要好好的做。

瞿秋白的口头报告，约3.3万字，共讲了九个小时。张国焘在瞿秋白报告结束前插话，略带调侃的口气说：“你一个人讲了九个小时，七七八八讲了一大批”。尽管报告的时间长了些，当报告结束时，全场仍掌声不息。

6月21日，大会第四日。中国共产主义青年团中央代表关向应向大会作政治副报告。向忠发向大会作关于出席共产国际执行委员会第九次扩大会议的报告。

法国共产党代表恩利白培向大会致祝词。

之后，大会开始进行政治报告的讨论。第一个发言的是特约代表张国焘。他讲了四个问题：一是中国革命的世界意义，性质，阶段及其前途。二是过去的教训。三是八七会议后，对时局的估量和我党的政策。四是对于革命形势的估量和我们的任务与中心工作。

6月21日下午4时，大会主席团在苏兆征主持下召开第三次会议，决定：今天下午不开大会，派人通知各省代表团或代表利用这个空隙，写本省工作与组织状况的报告。会议讨论了国内5月26日写发来的报告政治形势的信，决定交墙报公布。会议还听取了关于大会各委员会组成情况和各省参加人数的报告。

6月22日，大会第五日，继续讨论政治报告。第一个发言的是正式代表蔡和森（顺直）。之后是日本共产党代表致祝词；英国共产党代表白乃特（波立特）致祝词。然后大会一致通过了致法国共产党代表大会的祝贺电。接着，大会继续讨论政治报告，发言的是：参加代表（即指定和旁听代表）涂作潮，中央委员邓中夏，参加代表胡建三，正式代表甘卓棠（广东）等人。

邓中夏在关于政治报告的讨论中，首先对6月20日秋白的报告和张国焘的演说发表意见，认为两人说话的态度都有欠缺的地方。瞿秋白的缺点就是没有把几个重要点严重地说出，对过去的机会主义的解释，并不完全正确，多少含了些为自己回避的意思。还有就是在八七会后中央是否有错误也未明白指出。张国焘演说的态度完全是攻击的形式，因此就没有正确的，而反拿些零碎的事件来批评，这都是不好的，有“在朝在野”神气。蔡和森本人我是反对的，在此也不必多说，但是他这次说话的态度倒是很正确的。我们这次的大会应该是正确的、毫无成见的把从前不好的观念洗掉，

中共六大代表证

不然一切的问题就得不到正确的解答。邓中夏的发言分为过去的教训、时局的估量、今后的任务等三个部分：

一、过去的教训。……

现在我们对于过去机会主义应该有正确的认识和解答，因为这样，不独与我们无害，反而有益。有许多人说我们不应该专算旧账，这是对的，不过我们的旧账是要清一下的，因为我们可以在这中间，可以找出我们的教训。现在说到八七会议后，有一点是我们现在不可抹杀的，我们可以说，如果没有八七，我们的党早已没有了，早已不能开这次大会了。八七会议救了党，八七是我们党的重要关头。八七的优点我们不可抹杀，然而它的缺点我们也是不能否认的。缺点不在别的地方，就在于缺少一个对时局的估量和任务的决议案，一直到八七后好久，中央才补救这一缺点。还有一个缺点就是留恋左派国民党，在南昌暴动时，还要用国民党的旗帜。后来广东工人叫出“扯下白色恐怖的青天白日旗，竖起镰刀斧头旗！”上海各地工人也说，“国民党是杀工农的党”，在事实上教训我们，我们才有放弃“国民党左派”这一主张。还有一个缺点，就是对土地问题未明确的解答。然而，这些缺点，绝不能抹杀了八七的总精神。八七后的暴动政策，在我们一定坚决的毫不动摇的维持着。因为这个政策把广大的群众燃烧起来了。党在机会主义之下，工农群众分不清国民党与共产党，暴动政策来了之后，就获得了广大的工农群众，尤其农民，革命从机会主义的陷阱中救了出来。所以，不能因为某地因暴动技术上的不周到导致失败就怀疑整个的暴动政策，暴动政策是正确的。八七会议之后，有种倾向，是应该指出来的：第一，盲动主义，和生[森]说盲动主义是由于不断革命论的观念中得来的。我们要知道，盲动主义于十一月扩大会议的前后就发现，它的倾[向]是武汉失败后反抗国民党的热情利害的结果，不断革命论是在十一月扩大会议才决定，所以不能说盲动主义的根源是不断革命论。说盲动主义由中央而来，这是我不同意的，不过那中央对于暴动观念的模糊是事实，通告上亦有些影响，例如十五号关于宁汉战争的通告要全党都动员起来，变军阀战争为国内战争，中间未免说得太大，无形促成下级党部盲目的倾向，但决〔绝〕不是盲动主义的来源。盲动主义在十一月扩大会议前后，感觉到最早就发现于上海。扩大会议对暴动政策的认识是比以前明了，可是仍免不了模糊。后来湖北问题发生了，比较认识清楚了，到广东暴动后，更认识清楚了。

我们知道，我们决不能一生下来就是布尔什维克，一定要在艰苦的奋斗中认识真实的内容。所以说，中央对暴动政策当时模糊是对的，但纠正盲动主义确是中央最早，说盲动主义是由中央弄出来的就不对了。

有人说广东暴动也是盲动主义，这也是不对的。农民意识从前不大觉得，直至十一月后才感到了。记得我们在扩大会上，曾提及这个问题，好像党的政策都以农民为主，湖北和北方忽略了职工运动，我们的提议虽接受了，可是并不重视，就是没有正确的指出，这是事实。仿佛工人应该是响应农民一样，有意无意的犯了这个毛病。至于说中央的路线完全为农民意识所支配是不对的。中央指出太晚，这是事实。

八七之后，据我看，是盲动主义与农民意识，政策是暴动，暴动政策所得的成绩，用不着多说。

八七之后，党的改组收了很大的功效，广东代表将有详细的报告。关于改组问题发生了两种不好的倾向：(1) 太左的改组，如北方；(2) 太右了的，如江苏，以为是形式上的改组，老是不改。中央对改组党的工作，是很坚决的。

总结起来，中央在大体上是比较好的，不过在实行中间对盲动主义和农民意识的解释为模糊。我们说新中央比旧中央好（目前不是我理想中的新中央）。新中央虽然经验不丰富，但中央很虚心的，在各种斗争中求得正确的认识，有了错误就马上改正过来。

二、时局的估量。革命性质的解释，完全同意布哈林同志的讲演。从前可以说闹得一塌糊涂，我也是其中之一。现在才知道资产阶级革命与资产阶级民权革命、无产阶级革命是不同的。资产阶级民权革命，就是解（决）民主的任务，这些革命的阶级是不能超越的，现在也不致怀疑资产阶级民主革命就是资产阶级革命或社会主义革命。

再来说对过去中央对时局的估量是对，大体说来是对的，当时中间有些名词上的差别，什么高涨啊，低落啊，一致高涨……中央觉得高涨就是上升并非高潮的意思，这里特别注意的是秋白同志未指出广东暴动失败后，反动势（力）的联合。广东暴动把帝国主义与新军阀吓怕了，这可以证明我们的势力之往往能教训敌人势力的团结，广东暴动失败后反动势力之联合是事实。至于联合到什么程度，那又是一回事。在上海帝国主义与资产阶级的联（合），如中英日纱业联合会、长江航业协会上海工部局华董案之解决等，都可以证明。再就是新军阀与帝国主义联合，例如李济深与港督交欢，上海工部局总办表示与国民党亲善，证明他们有谅解。还有就是军阀间的妥协，蒋桂两系在桂系占领武汉后，冲突日烈，然自广东暴动后，马上缓和起来。资本家与军阀也有联合的形势，上海暴动，商人借款帮助李济深，上海商人筹款帮助蒋介石。然而，这不是反动势力稳固了，他们之间矛盾之消减了，只是说他们有暂时的联合，而在压迫工农运动和屠杀共产党是一致的，是不约而同的。

广东暴动之后，我们是处于被攻打击的地位，这是不可抹杀的，最要紧的是这次大会要指出目前的局面与以前不同了。济南案件和所谓国民党占领北京后形势是变了：第一，是小资产阶级左倾这是从前没有的；第二，是新军阀的互斗开始了，阎与冯、蒋与桂系，很快的就要打起来，程潜与李宗仁已在两湖开始了，这些都是广东暴动后所未有的；第三，是工农革命势力之重新开始。广东暴动之后，各地有零碎的斗争，这时期是在被攻击之下，现在都是反守为攻的形势，如海陆丰之重新占领，湖南醴陵之克复，赣南农民暴动之复活……有一重要之点就是现在很难看出帝国主义在中国之政策，他们的政策是瓜分呢？是道威斯计划呢？我们不知道，我们不要忘了帝国主义是反动势力的组织者。在现在情势之下，一方面敌人的联合有许多的弱点，一方面我们也在团聚自己的力量。所以，对目前的时局的估量，一定要在济南案件之后找出正确答复，决定今后的任务才有正确的根据。

三、今后的任务。……

大会应该决定的认定武装暴动是不能摇动的，要知道割据局面是客观形势所的，是总暴动中必要的前途。不能因为广东暴动后两湖、江西割据局面计划失败而怀疑，总方向是不能动摇的，固然国际未指出这一点。国际却说过“夺取成千成万的群众团结在党的周围是重要的任务”，也不能说从前没有注重群众，不过不深刻认识群众是事实。夺取群众，为的也是要武装暴动，夺取政权。

从前与资产阶级合作的时候是与资产阶级争夺领导权，资产阶级反动了，有些同志以为领导权也无所争了，但是资产阶级还是在拉取群众，特别是在济南事件之后表现得明白，所以我们现在是与资产阶级争革命领导权，而（且）是争群众领导权。

尚有几点应说明的：

1. 有人反对于反帝运动，有一种幻想，是应该打破的，他们幻想第二五卅之重现，这是不对的，革命已经变换了阶段，再没有阶级联合战线的可能了。这种幻想就是想拿反帝运动来缓和阶级斗争，这是不对的，我们一定要在加紧阶级斗争（城市工人的经济斗争，乡村农民的土地革命）方能促进民族斗争。

2. 关于职运方面的：(1) 党与职工会不分开；(2) 轻视黄色工会；

(3)工厂委员会不认识;(4)罢工策略不讲,这是要改正的。

3.土地农民问题:(1)过去这问题是不明白的,现在才知道没收地主阶级土地是对的;(2)忽视了在农村中组织红军的工作。

4.党的改组:(1)今后应彻底的毫不犹豫地坚决的吸收积极的工农分子(这并不是说排斥知识分子);(2)从前太集中,不民主,现在只有要民主而不要集中的倾向,这现象也是不好的。

5.同志们过去很忽视军事问题——建立红军自己的武装。从前在国民革命军中政治部的姨太太工作当然是不对的,过去因为有"军事机关"这个名词,大家不敢谈军事了,固然中国革命是要领导广大群众,可是军事问题却不能忽视的,不然,那就很上当的。

最后很希望大会最要紧的是对政治路线有正确的估定,不要加成见。我们可以说大家都是很幼稚的,希望大家在经验中改正自己的错误。末了,希望大家在确定后的总路线之下进行工作,我们要有统一的党、有系统的党,才能完成历史的使命。

6月22日广东代表甘卓棠发言,讲了以下几个问题:

一、机会主义问题,已有许多同志说过了,也有辩护的。但是,结果都没有一个比较有系统的路线,只有国际代表布哈林同志所说的三点是唯一正确的,但是除了他所说的关于政策上的三点而外,我认为机会主义因组织上所生出也很有关系,从前的党,是一个军事机关,下级许多同志的意见绝对没有机会贡献给他们,我相信许多工人同志都受过这种苦衷呵!(大家鼓掌)以前我们的指导机关,只注意某同志当工会的委员长、军队中的政治部主任、党代表等,假若同志们主张斗争的要去批评他,那就说你是土匪头!(大家鼓掌)我们现在看一看,以前的同志现在腐化的腐化了,消极的消极了。八七会议以后,中央提拔工农的分子,加紧同志的训练,所以我们说:八七会议后,党的政策是非常正确的,(大家鼓掌)同志们,

我以为我们非这样不能成一个布尔什维克化的党！（大家鼓掌）

我们现在就以广东讲一讲，八七会议后，不象以前在农民协会中只注意办一个什么训练班、农民运动组，而不注意实际工作了。我以为在工农群众中，找好的分子，使他们每人都布尔什维克化。我们可以讲，工人的知识固然是比较薄一些，然而知识分子的知识是从娘胎中带来的吗？他们所知道的马克思主义、列宁主义，是从娘胎中带来的吗？虽然是不是的，然而他们是学的，但是工人也可以学的。所以中央规定改选政策，提拔工人分子，是唯一正确的。（大笑，大家鼓掌）

二、讲到盲动主义，盲动主义是从什么地方来的呢？广州暴动，秋收暴动是否是盲动主义呢？秋收暴动之内容，我不知道，所以我现在只讲广州暴动。昨天布哈林同志说，在暴动以前我们未能拿住机器工人，这是一个非常大的错误，但是或者不知道，机器工会仅只是一个空洞的领导机关，暴动时打我们的不是工人，而是他们的体育部，是雇佣的流氓土匪……等。当时若是谁去打，可得一元，若不去打反可得四毛钱。我也是机器工人，所以我知道非常清楚。但是同志们一定要问，为什么他们不参加暴动呢？这有事实证明的，我们在广州暴动，夺取了三天政权，当时的交通、电报、电灯局、印刷局等也未有罢工并参加暴动，而机器工人是守中立的，所以广州的暴动，是否是群众的暴动呢？是群众的暴动，我们举一个例就明白了。暴动失败后死的都是工人，而同志死的很少，特别是手车夫工人死三千多，总共参加暴动的有七万多人，然而这又一定有人要问：既然有这样广大的群众参加，为什么失败了呢？是党的估量不清楚了呢？还是准备的工作不完善呢？以指导上的错误，这是证明广州暴动不是盲动主义。（大笑，大家鼓掌）

盲动主义最先是由上海发生的，究竟什么人负责，这另外是一个问题。假若要谁负责，我是一个共产党员，当然我也要负责，大家都要负责。（大家鼓掌）我希望同志们不要带着小资产阶级的态度，以意气用事，这样就能够影响我们将来的政策、工作，那时就成了大的问题了。我记得中央发现了江苏的盲动主义，于是积极的去纠正他。这在告江苏省同志书上说的很明白。

同志们！我们一定要清楚，一定要有一个正确的路线。八七以前的中央是右倾的，八七以后的中央是“左”倾的，大会的任务，在找得一个非常正确的路线。（大家鼓掌，大笑）

三、现在讲到革命的潮流是高涨呢？还是低落呢？——关于各地的情形，昨日秋白说了很多。我在广州，同时又在香港作工，那边的情形，我清楚些，所以我还可以说一说。在广州暴动后，李济琛公开的勾结帝国主义，压迫工人，取消劳资间以前所定的条约。因此，工人不但要革命，并且他们都自动起来，要求加入共产党。我们可以举例来说，譬如当暴动后，广东省委以要恢复原状，至少要得两年之久，然而未及两月的时期，已经恢复了原状，这是表示什么呢？（大家鼓掌）举一个事实，当李济琛欢迎香港金文番的时候，当时有一个非党的工人，曾自动的打着打倒李济琛的标语。当时军警是很多的，然而他却无惧色。（鼓掌）同志！警察局还出一布告要港督到广州的时候，每家商店都要挂英国旗帜，以示欢迎，然而大半的商店并未挂，有几家挂了，然而是非常勉强的，结果未挂英国旗的商店都被处罚了。在香港……糖房以前有两万多工人，现在很多失业了，并三家造船场，以前有几万工人，而现在只一千多工人了。因此，香港的失业工人特别的多。

同志们！我们看革命的潮流如何看呢？如果统治阶级有一个相当的改良政策，那末革命的潮流就会低下去。如果没有改良政策，那又如何呢？现在的统治阶级，不但没有改良政策，而工人的生活反苦起来，工会解散了。讲到农民方面，也是一样的，李济琛勾结大地主土豪劣绅，向农民进攻，加紧进攻，而在他的军队中也是如此，中国的军队特别多，在世界上要算第一，军阀相残杀，军队闹饷。所以我们说：革命潮流虽然没有一九二五年那样高，然而你若说革命潮流低落，那就非常错误了。

6月23日，大会第六日。大会继续进行政治报告的讨论。发言的是：正式代表李立三（广东）、项英（江苏）。之后，捷克斯洛伐克共产党代表致祝词；波斯共产党代表致祝词。继续发言的是正式代表王灼（广东）、刘坚予（四川）、李子芬（青年团中央）。这天在大会发言的共有5名代表，致祝词的外国共产党代表两人。

同日，主席团召开第四次会议，在王藻文主持下研究大会发言的时间问题。鉴于大会议事日程预定的政治报告及讨论共六天的时间将到，而要求发言者还在继续报名，主席团讨论后决定：讨论时间不足可以延长；每天开会时间增加一小时，即上午讨论三个半小时，下午讨论三个半小时；每个人的发言时间照原规定不变。此外，鉴于中山大学和东方大学被指定参加大会的学生发言不切实际，主席团经讨论决定仍允许他们发言，但须告诉他们不要只重复理论；分配他们去各省代表团工作。会议并决定由李立三召集他们开会解决。

30多万共产党员和群众被惨杀

1928年6月30日，为中共六大的第13天。按照大会主席团安排，由周恩来向大会作组织报告。报告分作以下四个部分：（一）政治环境与社会基础；（二）过去的组织状况；（三）组织上的基本问题；（四）今后组织任务。

报告的第一部分，回顾了从1927年到1928年上半年全国各地的白色恐怖与革命斗争。据不完全的统计，在这一时期中，一大批中国共产党的著名活动家和工农领袖被残杀，如陈赞贤、杨闇公、汪寿华、萧楚女、熊雄、邓培、李大钊、范鸿劼、李启汉、陈延年、赵世炎、王荷波、杨培森、肖石月、王一飞、向钧、李子骥、涂正楚、袁孟冰、周文雍、陈乔年、夏明翰、郭亮、罗亦农、向警予、田波扬、侯绍裘、张太雷、张佐成等数十人。仅1927年3月到4月，共产党员、工农群众和革命学生被杀害了12万多人。5月中旬到11月，被残杀16万至17万人。从广州暴动到六大前又被屠杀了26580—52300人。总计一年又三个月当中，被惨杀的共产党员和革命群众达31.5128万人—32万余人，被投入监狱监禁者达4600余人。

报告接着列述了工农群众在中国共产党领导下，对国民党新军阀和地主豪绅的压迫屠杀所进行的“英勇的革命反抗”，指出：这些斗争虽然都遭受了挫折，但是在这个过程中，广大工农群众进一步认清了中国共产党是自己根本利益的真正代表，并更加紧密的团结在党的周围，因而使中国革命"重新得到新的力量的结合"。

报告概述了工人群众的斗争，指出从武汉政府叛变革命到党的第六次代表大会，党在城市的工厂以及矿山、铁路等处，组织和领导47次经济的或政治的罢工斗争，参加罢工斗争的工人达31万余人。

与此同时，报告概述了广大农民的反抗斗争。从八七会议决定了以武装暴动反抗国民党屠杀政策的总方针之后开始，到1928年6月，党领导了94处农民武装暴动（广东未统计在内），有26处夺取了县城。参加暴动的人数，广东仅海南一处即达80万人。另据六大时的统计，广东、广西、湖南、湖北、江西、江苏、河南、陕西、四川等省的110余县，先后爆发了100次以上的农民武装暴动，参加人数达200万以上。其中参加人数十万人以上的大规模暴动有八次；持续一个月以上的暴动斗争达23次（有的暴动和斗争持续达三个月、四个月甚至五个月之久）。各处在暴动之后，不少地方建立了市或县、乡的苏维埃政权，而且不少县或乡的苏维埃政权，直到党的六大时仍然存在并继续领导广大革命群众同国民党新军阀、地主豪绅进行斗争或者发展成了游击战争。据组织报告，这一时期建立的市或县苏维埃政权有26个，区、乡苏维埃政权有40个，共计66个。

组织报告在列述了工农群众的反抗斗争之后，对于革命营垒内部各个阶级——无产阶级、农民、小资产阶级、流氓无产阶级——进行了分析。报告指出：无产阶级虽然幼稚，但在党内党外"总算是很健全的基础"农民缺乏组织性，不同的阶层（富农、贫农……）有着不同的倾向，"在经济上是很冲突的"，是在分化中。资产阶级叛变革命后，小资产阶级的上层分子也动摇以至离开了革命的营垒；另一方面，"到现在党内的小资产阶级的影响尚很显明，……这是一个值得我们注意的危险”。流氓无产阶级的流氓性“是破坏一切的。这当然要影响到组织上来”。

报告的第二部分报告了党的组织状况。报告说，关于党员的数量，总数有13万零194人，其中农民居多数。据统计，全国党的组织计有广东、福建、云南、湖南、湖北、江西、江苏、浙江、安徽、顺直、山东、山西、满洲、河南、陕西、四川等16个省委（其中有的省如云南、安徽……为临时省委），37个特委，400个县委，36个市委，41个区委，138个特别支部。

组织报告分析认为：农民与工人成分之比为八比一，只是一种大致的比例；工人成分的数字也不准确，比较可靠的是：香港、广州有1000工人党员，上海约有1000人，武汉有2000—8000人，北方不到1000人，估计比较可靠的数目是3000人。报告指出，上述统计表明：（1）农村成了党的势力的中心，矿山、城市、铁路党的力量较为薄弱；（2）这样，就“失去了无产阶级的中心地位”。

关于党中央委员会的状况，报告据六大时的统计说明：第五届中央委员会委员（31人）、候补委员（14人）、中央监察委员（7人）和候补委员（3人）共55人中，在白色恐怖下牺牲者10人：中央委员罗亦农、陈延年、陈乔年、赵世炎、张太雷；候补中央委员郭亮；中央监察委员王荷波、张佐臣；候补监察委员杨培森、肖石月。开除委员资格者五人：中央委员张国焘、彭述之；候补中央委员陆沉、刘伯庄；中央监察委员杨匏安。在狱者两人：候补中央委员吴雨铭，中央监察委员许白昊。开除党籍者一人即谭平山。叛党者一人即袁达时。

出席大会的中央委员：瞿秋白、李立三、邓中夏、苏兆征、项英、向忠发、夏曦、周恩来、蔡和森、杨之华（女）、罗章龙；候补中央委员黄平。

未出席大会的中央委员：陈独秀、任弼时、李维汉、贺昌、顾顺章、易礼容、彭湃、刘少奇、恽代英、罗珠、杨其珊、李涤生；候补中央委员：毛泽东、毛科文、薛六、陈潭秋、庄文恭、李震瀛、王亚璋（女）、林育南。

中央监察委员和候补监察委员出席大会者，有候补监察委员阮啸仙；未出席者为正式委员刘峻山、周振声、蔡以忱。

报告接着列述了八七中央紧急会议和临时政治局十一月扩大会议以来中央机关的改组与变化情况，列述了各级党组织、特别是广东、北方、湘鄂赣三省以及上海根据中央的指示所进行的改组与改造的情况与过程，肯定了所取得的成绩即成分有所改善：省委委员——工人34%，农民14%，知识分子48%，其他4%；省委常务委员——工人31%，农民7%，知识分子60%，其他2%。

同时也指出了改组与改造过程中发生的过于机械和形式主义的毛病。如：强调了集中领导而无分工负责；一些省特别是广东和顺直发生了“工学界限问题”即“反知识分子倾向”；机械地执行所谓“政治纪律”而不适当的处罚党员与党的负责人；工农分子名义上参加了各级党部的执委而实际上仍担任下层工作，或由于工农同志缺乏担负指导工作所必需的文化与政治水平而形成所谓“秘书专政”；等等。

报告的第三部分以“党的无产阶级化问题”为中心，对于党员以及指导机关的成分、支部生活与工作、党内非无产阶级倾向、向秘密党转变过程中的倾向以及党与群众及群众与组织的关系等问题进行了分析。

首先，报告指出：党在过去是知识分子党员占多数，产业工人很少（按：中国共产党第五次全国代表大会时的统计是：工人占53.8%，农民占18.%，知识分子占19.1%……），八七中央紧急会议后党内又加入了大量的农民成分；另一方面，党的指导机关也充满了知识分子，工农同志没有实际的参加各级党部的指导工作。

其次，党的“支部成了党的命令的传达所”，城市支部没有中心

内蒙古满洲里中共六大展览馆

工作，乡村支部缺乏中心干部人才；支部的生活不健全，对党员缺乏基本的教育和训练。

再次，党在组织上思想上的非无产阶级倾向主要是："尾巴主义与盲动主义"；极端民主或小资产阶级民主倾向；害怕党内批评与缺乏正常的党内批评；机械纪律、强迫纪律，处罚多而不当，"没有用说服的方法，去说服同志"和教育同志；歧视、排斥甚至是"反知识分子的倾向"，而不是"用无产阶级的方法去使知识分子无产阶级化"；小资产阶级意气之争以及雇佣倾向；等等。

又次，关于党在向秘密状态转变过程中的问题，主要是：城市中简直没有工作以及农村暴动失败后即随军队走的"躲避主义"；以召集群众的秘密会议来代替深入群众；工作方式方法仍然是旧的；等等。

复次，在党与群众及群众组织的关系上，主要问题是：党与群众脱离，命令群众而不是说服群众，不懂得如何去取得群众和组织群众；党代替了工会和农会，工会成了党的行动机关，不善于运用党团、通过党团去组织群众、团结群众和领导群众；不但没有创造出群众组织的新的组织形式，而且疏忽了甚至割断了与小资产阶级群众的关系。

报告的第四部分，论述了党在今后的组织任务。报告首先指出："革命的先锋——中国共产党有脱离群众和削弱的危险。虽然革命已走入一个新的阶段，党内外组织也开始了一种新的结合，但实际上这种危险还很大。我们必须在共产国际决议指示下，在组织上巩固自己的政治影响，建立和发展工农革命的组织，并发展党的组织，使之真能成为群众的斗争的革命党。

关于党自身的组织任务，主要的是要使党成为真正无产阶级化的党。为此，必须吸收广大的、积极的产业工人入党，建立坚强的工厂支部，特别是大工业中的工作，并进一步加强城市中的党的组织；在广大的农民同志中，建立中心的干部，建立并健全支部生活，巩固地方党部的组织；尽量吸收工农同志特别是其中的积极分子加入党的各级指导机关，加强和巩固党的集体领导；严厉反对党内的小资产阶级意气之争，实行自我批评，肃清组织〈上的〉一切错误倾向；坚决实行党内的民主主义，以求有效地防止机会主义的复活；加强党内教育，使一般党员都能自觉的真正的遵守党的纪律；通俗地宣传解释马克思列宁主义理论，积极的训练与培养干部人才。

关于党在群众中的组织任务，报告指出：党不但要努力发展自己领导的工农团体，并且应当不拘形式的创造有更广大群众的非党群众组织；党要特别注意于产业工人和贫农的组织，加强对它们的工作，同时要加强对城市贫民及学生群众的组织和工作，加强对黄色工会以及反动势力所领导的群众团体的工作。报告提出，要改变一切旧的命令群众压迫群众的工作方式，坚决地执行说服群众引导群众的方针。在反动军队、土匪和民团中，党应当建立与发展自己的支部，以便取得其下层士兵群众。

周恩来报告之后，接着进行大会讨论，发言代表及其次序是：正式代表项英（江苏），参加代表涂作潮，中央委员瞿秋白，正式代表罗章龙（湖南）、王若飞（江苏），特约代表张国焘，正式代表任旭（湖北）、何资琛（湖南）、王仲一（顺直）、刘坚予（四川）、项英（第二次发言）。

6月30日，瞿秋白在讨论组织问题报告时发言，大会应该认清我们目前最主要的任务有二：一是变成群众的阶级争斗的党；二是不但要有这样一个党，并且要组织工会和群众的组织，能动员群众去争斗，从日常的斗争到武装斗争。

关于党的阶级基础，瞿秋白指出：中国共产党是无产阶级的革命的党，能领导自己的阶级和其他阶级进行革命。现在党的无产阶级基础异常薄弱：在五大前智[知]识分子占多数，工人分子占少数；现在知识分子虽然走了许多，可是工人成分反降至10%，极多数成分是农民，占了80%。这是一个很重要的问题。这个问题可以影响我们一切。现在就是要怎样的改正过来，同时对于其他成分也是要注意的。我们不要变成国民党第二——各阶级混合的党。我们并不是排除农民。

关于以党治国，主要表现在党权主义即命令主义，党与工会不分，与群众的组织不分。要知道群众可以组织广大的团体，在我们党团支部的核心作用之下进行工作的。争取群众的任务也就是要把这缺点打掉，方才不致成为空话。

瞿秋白强调：中国共产党要是工人阶级最先进、最觉悟的一部分，所以，第一要认清阶级基础，应在产业工人中发生作用及吸收贫农分子；第二，争取群众要明白知道党与群众的正确关系。这是组织上争取群众必须注意的两个中心问题；工厂大产业工人支部之建立、巩固、发展和党权主义即命令主义的彻底肃清，否则争取群众便是空话。

王若飞在发言中指出：恩来的报告都说到了，减少了我们的争论，因为秋白的报告没有给我们以确切的观念，他的意见好象组织的削弱不是由于盲动主义而来的一样。这种话是不能遮蔽盲动主义的。

1. 过去组织上错误的来源，恩来说的很公正，过去是家长式的、命令式的，与群众完全脱离，同时也是社会关系的使然。因为中国的无产阶级本身很少很弱，还保存着小生产的形式。现在不仅纠正知识分子，流氓无产阶级、农民的意识，而且工人中不好的倾向也是要改的。中国党的发展很短。起初是知识分子占据了指导机关，他们不了解工农生活，拿起主义来作革命工作。

2. 党没有根本组织政策。过去搬了些莫斯科的东西回去，实际上是几个名词，怎样去组织是不了解的。组织是实现政策的工具，中央根本不了解，八年来支部未建立真正基础，只是命令式委派式的工作，这种倾向的来源不在一方面而是由社会背景而产生。

3. 最主要的任务——根据政治路线进行苏维埃革命，在组织上准备暴动务防脱离群众，建造秘密机关成为坚固群众斗争的党，如果不是这样，便不懂得现今最大的几个缺点。

党本身不是无产阶级的组织了，是工人以外的组织，内部的关系绝对的集中家长制的，但是在工作上却是相反。在生活上党不是无产阶级的组织，群众与党的关系完全是包办的、命令的、立在工人以外帮助的形式，现在还是与从前一样。

党内小资产阶级意气之争，这危险是要指出的。现在的政治路线是不会错的，如果党的组织不好，就不会实现这个路线，他的表示客观原因，就是中国的成份多半是小资产阶级，很少的工人中甚至也染了这种倾向，在政治纪律上表现出来。过去政策是动摇的，中央与各地做了许多的错误。八七之后尚未完全消除，因为政策还是动摇的。所以错误不能改正。

八七之后尚的纪律不能说服同志，甚至引起了对指导机关的不信任，而且发生不好的现象。(1) 硬干；(2) 消极；(3) 铤而走险拼命，如广东周文雍、浦东之、江德奎。所以布哈林说，要说服，不是不给工作，在失败后把个人倾向表现出来，把责任推到别人身上去，甚至有些告谣的。这种现象是很不好，希望有这种倾向的人自觉。

发言结束后，周恩来作了一个简单的结论。主要点是：关于党的组织削弱的问题，政治上的盲动主义是有重大影响的。但根本原因是"由于党非从群众中产生出来，党的指导机关非从群众斗争中产生出来，所以中央坚决主张提拔工农分子，提拔积极分子。我们要肃清小资产阶级的用感情的根性，党的组织从群众中产生出来，从群众斗争中产生出来，成为战斗的党，这是全部主要点"。结论还谈到，发言补充了报告的未尽之意，提出了很多具体办法；至于某些发言有若干不同的意见，还可以到组织委员会中详细讨论。至此，组织报告与讨论结束。

关注莫斯科的中国留学生

1928年6月19日，是中共六大召开的第二日。当天晚上，在向忠发主持下，大会主席团召开第二次会议，讨论了各省关于调中山大学和东方大学学生参加大会并于会后回各省工作的请求，决定湖南、湖北各调给三人。各省都想调在莫斯科学习的学生回各省工作，可见，在莫斯科学习的学生还是很受欢迎的。

1928年7月，联共（布）中央政治局代表和中共代表团代表举行联席会议，一致通过《告苏联境内孙大及其他各校之中国学生书》。这里的所谓"孙大"，是莫斯科中山大学的简称。此校为纪念中国伟大的民主革命家孙中山先生，于1925年创办，招收中国学生，以培养革命骨干。告学生书勉励在苏联境内各校学习的约1500名中国同志，要他们把注意力的中心放在研究必要的知识，了解列宁主义的理论，研究、探索一切革命中的主要问题，特别是东方与中国的革命运动问题，研究苏联及其他革命运动的经验，研究中国革命经验，学习军事学，把一切其他利益，都服从"无产阶级革命的利益"。

在六大上当选为中央委员、中央政治局委员、常务委员，兼任中央政治局常委秘书长和中央组织部部长的周恩来，在7月17日至9月1日出席共产国际六大期间及其会后，向在苏联学习的中共党员传达了六大精神。如8月下旬，苏联军事学院党委通过六大代表刘伯承邀请他，到莫斯科高级射击学校的孔采伏野营向中国党派去的部分军校学生作了六大的传达报告。那天，周恩来从下午六七点钟一直讲到第二天凌晨两点，然后赶回莫斯科。

中共六大召开时期在莫斯科中山大学留学的中国学生

共产国际六大结束后，周恩来到莫斯科中山大学，看望在那里的中国留学生以及在学校工作的同志。当时在苏联学习的中国学生有上千人，如在中国抗战中担任八路军副参谋长的左权，解放战争中牺牲的中国人民解放军炮兵学校校长朱瑞，还有张国焘的弟弟张国庶，等等。周恩来向中国留学生讲述六大精神和国内形势，询问他们的学习、工作和生活情况，鼓励他们好好学习，希望他们学成回国为中国革命贡献力量。

那时乌兰夫正在中山大学做教学翻译工作，交谈中，有人告诉周恩来，乌兰夫和几个同志是蒙古族。周恩来的目光马上集中到乌兰夫他们几个人身上，带着微笑说："噢，你们是蒙古族，好极了！好极了！"此后，乌兰夫经过反复思索，萌发了请求回国、投身国内艰苦而炽热革命斗争的想法。1929年，经中共驻共产国际代表团代表同意，乌兰夫回到国内，在内蒙古西部地区开辟和坚持地下斗争，以后又开展了建立蒙古族革命武装的斗争。20世纪90年代，乌兰夫还回忆此事说，周恩来与我们交谈时的深沉目光和亲切关注，长久地回荡在心底深处！

7月11日，也就是六大闭幕的

这一天，六大代表徐特立、何叔衡、方维夏给中央写信，希望在参加六大后继续在苏联学习。信中写道：承派参加大会，大会闭会期间想在苏联作较长期间的研究，想在孙大（即莫斯科中山大学）上课，预备俄文，研究政治经济，一面想参观一切关于经济政治的实际的新建设，一面想研究革命的理论和策略。7月30日韶玉（即王明）给向忠发、瞿秋白、苏兆征、周恩来写信，要求学习两年。8月15日又写信重复这一要求。8月4日，云南代表王懋廷写信，要求会后在苏联住1月至2月，看一点必要的书，学几种技术工作：如军事的工作、秘密工作、组织工作。理由是因交通困难，在工作中感受痛苦。关于云南工作，请分配同志快去。8月24日，李沛泽即李培之也给中共代表团写信，说明学习期满，请求到列宁学校（又称列宁学院）读书，以备在理论上作一个初步研究。8月28日，方维夏又单独给中央写信，请求到列宁学院学习。9月2日，王备和张浩生、陈光德、赵友贤、施育贤、蒋福根、薛子正等人致信给中国代表团，要求把党员关系转到陆大。关于王备的情况，信上有这样简单的一句：王备，1923年2月，军人，北京。分别说明他的入党或入团时间、本人出身、出身或籍贯。9月10日，瞿秋白的弟弟瞿景白致信周恩来说：到此差不多三年，想入列宁学院短期学习一下，准备回国工作。

六大代表中，也有一些人不愿意在苏联学习，而愿意回国工作。如前所说的王翘就想回国。郑子瑜也是如此。1928年7月13日他写信表示，愿回上海一工厂作工。他请求回国，理由有三条：一是脑子受伤需要休息；二是愿意研究秘密工作；三是愿意学习办工人小报。8月19日，郑子瑜又致信周恩来，提出回国事。信中写道：光阴快，两月又过去，莫地气候不适；要求早日束装东归，盼一周内能动身。一些代表急切希望早日东归的心情，可见一斑。

7月13日，胡锡奎也给周恩来写信提出要回国工作，并附有具体工作地点、社会职业等条件。关于工作地点，他提出在长江一带，认为上海武汉鄂北比较好一点；关于社会职业，中小学教员、商店店员、工厂工人。他认为，这种工作对于党建设工厂支部的影响很大，但是只能做轻工如纺织、印刷等。至于从事党的工作，可以是组织、宣传、职工、农运方面。8月19日，胡锡奎又给周恩来写信，急切地询问回国工作事。他写道：学校功课早已完毕，学校曾欢送，国内又需要，为什么还不派回去工作。

8月19日，胡建三也给周恩来写信，说自己在这里无事可做，两月以前向学校请求回国，不如早一天回去作工。请早通知。8月23日，高衡给中共代表团信，说明他于1925年底来莫斯科，本年6月间由东方部派遣到东方大学中国班当翻译。想来他干得很不愉快，所以表示“不愿当翻译机器”。

1928年9月14日，中国工农代表团向中共中央作了《中国工农代表团来苏联经过的报告》，讲到在苏联的中国学生时称：现在在苏联学习的中国学生约1000多人，有我党派去的，有国民党派去的，还有冯玉祥、岳维峻派去的，蒋介石派去的也不少，另有一些是从法德美等国直接去的，成分复杂，曾过长期党的生活和做工农运动实际工作的是少数。东方大学是个历史悠久的党校，专为东方各国训练干部人才，中国学生约占半数。军事班附属于东方大学（后直接在军委的领导之下），专为中国训练下级军事人才。

9月29日，中共中央给四川省委写信，指示四川党的工作，其中提出，从莫斯科派回国的学生，因不了解实际情形，让他们先从支部工作做起。同时，还指示四川省委，应下最大的决心，加紧在城市尤其是工人群众中的工作，建立党的基础。建立与健全党支部，在斗争中从下层组织中选拔人才，尤其要注意选拔工人同志，同时要做好训练教育工作。

中共六大的进步作用与深远影响

中共六大，是中国共产党探索中国革命道路的一次重要会议，是推动中国革命由失败走向复兴的一次重要会议，是中国革命史上的一个重要历史事件。

评价中共六大一般来说，“有明显的不足之处”，但也“有巨大的历史功绩”，“在我党的历史上起了进步作用的”，那么，中共六大在中国共产党历史上所起的进步作用和深远影响表现在哪些方面呢？

一、中共六大的重要作用

自中共五大以后，全国政治局势发生巨大变化，汪精卫继蒋介石之后叛变革命，使中国共产党的命运和前途面临着严峻考验。在这历史转折关头，召开一次党的全国代表大会，制定党的纲领路线和政策，解决全党对许多重大问题的认识分歧，对于统一全党，团结全党，复兴中国革命，十分必要。1927年八七会议确定了土地革命和武装反抗国民党反动派的总方针，但八七会议毕竟只是中央政治局扩大会议，参加人员有限，且会期只有一天，许多重要的问题来不及在更大的范围内进行深入的讨论。而在八七会议精神贯彻的过程中，在如何实现土地革命，如何武装反抗国民党反动派的实践中，全党又面对着过去从未遇到过的新问题、新困难，特别是党领导的各地的武装暴动特别是南昌、秋收、广州起义先后失败；党内继出现右倾机会主义后，又出现了“左”倾盲动主义。这对已经遭受很大损失的党的生存、发展，构成直接威胁。

在“这样革命转变的关头”，为了总结八七会议以来的经验教训，在战略上和策略上统一全党的思想，确定共产党在新时期的路线和各项方针政策，八七会议后担任中央临时中央政治局主席的瞿秋白，“就经常考虑着一件大事，认为需要召开一次党的全国代表大会来全面总结大革命以来的经验教训，确定党的总路线和总任务”。

召开中共六大，对于集中全党智慧，统一全党思想，开创革命的新局面具有十分重要作用。尤其是因其距离下一次大会召开时间长达17年，其作用和影响较之一年一次的党代会就更为不同、更为突出。六大在中国共产党的历史上具有重要的进步作用。主要体现在以下几个方面：

1. 统一全党思想，对中国革命的若干重大问题作出了正确的回答。在国共两党合作进行的国民革命即通常所说的大革命失败后，中国共产党还要坚持革命，这是不言而喻的。但是，过去的革命为什么会失败？失败的原因是什么？应该吸取的教训是什么？中国革命的任务、动力是什么？革命性质是什么？什么是机会主义？机会主义的来源是什么？许多在今天看来很简单的、老生常谈的问题，当时却是很严重的问题。

在历时24天的六大上，有瞿秋白的口头报告和《中国革命与共产党》的书面报告，周恩来的组织问题和军事问题的报告，刘伯承作军事问题的补充报告，共产国际布哈林在会上作政治报告等；有各个报告后代表们的热烈讨论、大会发言；还通过了政治、苏维埃政权组织、土地、农民等问题决议案和军事工作草案等重要文件。六大的日程安排内容丰富又非常紧凑，对中国革命的许多根本问题，作出了基本正确的回答，在党内思想十分混乱的情况下，大体上统一了全党的思想。

2. 深刻总结了过去的教训。八七会议正确地批评和纠正了党内的右倾机会主义，但却没有来得及对大革命失败的客观和主观原因进行全面、深入的分析。而六大比较圆满解决了这个重要问题。

六大认为，中国大革命失败在客观上的原因有五个方面：一是帝国主义的力量强大；二是民族资产阶级背叛革命；三是地主领导的军队力量很大；四是工农运动发展的不平衡；五是小资产阶级的动摇。虽然有客观上困难，但并不是完全决定中国革命必然要失败。

所以，中国大革命的失败还有主观原因，这就是当时党的指导机关的机会主义错误，具体表现在：一是对于中国革命性质及联合战线的任务，有不正确的观念，不能保持共产党的独立性，不能对于革命同盟者实行阶级的批评，不去动员革命力量，准备群众力量，有时反而去阻止群众运动的发展；二是无独立性无批评性只知让步政策，阻碍阶级斗争和土地革命，自愿断送革命的领导权。

3. 六大对大革命失败经验教训的总结，是基本正确的。特别是分析了大革命失败的客观原因和主观原因，从而解除了许多党员思想上的疑惑，使他们更清醒地面对敌强我弱的实际情况。

正确认识革命的性质和前途。六大分析了大革命失败以后的中国社会经济状况，明确指出中国仍旧是半殖民地半封建的社会，“中国革命现在的阶段是资产阶级性的民权革命”，因为革命的当前任务都没有超出资产阶级革命的范围。因为中国革命的动力已经只有无产阶级和农民，所以中国革命有转变到社会主义的前途。六大批评了混淆民主革命与社会主义革命界限的所谓不断革命论，规定现阶段中国革命的任务是消灭地主阶级，彻底实行土地革命；驱逐帝国主义，统一中国；武装起义推翻国民党政权，建立工农民主专政的政权。所有这些，都使中国共产党对中国革命的认识有了很大的提高，懂得了不少的革命道理。

周恩来曾回忆说：六大开会之前，斯大林就向部分六大代表指出：中国革命是资产阶级民主革命，不是“不断革命”，也不是社会主义革命，并以俄国的二月革命为例说明。“这样，我们才懂了”。这些都属于中国革命最主要的根本问题。

六大前，中国党是不懂这个问题的。当时搞不清中国革命是民主革命，是因为对什么叫革命性质，革命性质是以什么来决定的搞不清；中国党历史上没有从理论方面搞清这个问题；还受到国际上一些错误思想的影响。“这些问题都须要六大解决，六大正确地解决了这些问题。”

4. 六大把争取群众作为党的总路线。解决党的路线问题，是党的代表大会最主要的任务之一。六大面临中国革命的复杂形势，总结了大革命失败及以后革命斗争的经验教训，明确指出：“现时的形势，一般说来是没有广泛的群众的革命高潮。中国革命运动发展的速度是不平衡的”；现时的政治形势是在两个革命高潮之间，即“第一个革命浪潮已经因为历次失败而过去了，而新的浪潮还没有来到，反革命的势力还超过工农”。

根据这样的革命形势，六大制定了党的总路线——争取群众。把争取群众作为党的总路线，就是说，“党要用一切力量去加紧团结收集统一无产阶级的群众，使他们围绕党的主要口号，做极巨大的组织工作”，以“尽可能的领导日常经济政治斗争，以发展工农群众组织”。总之，“争取群众是现时的总路线”。

而争取群众的任务，就是准备武装暴动的任务。准备暴动，就不是进攻，不是到处组织起义或举行暴动。根据这条总路线，六大在批判右倾机会主义的同时，特别指出了当时党内最主要的危险倾向是脱离群众的盲动主义、军事冒险主义和命令主义。六大制定的争取群众、进行民主主义革命的总路线，对于中国共产党走出大革命失败的低谷，复兴中国革命，是非常重要的。而六大后党内出现的“左”倾错误，恰恰是忘记了革命处于低潮的形势，放弃了争取群众的总路线。

5. 六大提出要加强党的战斗力的组织路线。八七会议后，全党开始进行土地革命，开展武装斗争，党的组织也进行恢复和改组。但党内存在的机会主义、命令主义、农民意识、极端民主化等问题，使大革命失败后“受着损失而战斗力减低”的党组织还不能完全适应斗争的需要。

六大召开时，汇总了全国党组织和党员的情况，包括党所领导的各地武装起义的具体情况。这不仅让全党对党的主要活动有全面的了解，对党的队伍有一个清醒的认识，而且也对党的队伍实行了一次大检阅。来自广东、广西、江苏、浙江、福建、江西、湖南、湖北、安徽、河南、顺直（河北）、山东、满洲省（东北三省）、内蒙古、陕西、四川、云南、共青团中央共18个单位、21个省的六大代表，千里迢迢、历经艰险，秘密前往相对安全的苏联莫斯科去参加大会。这使六大能够根据全党的组织状况，制定以实现党的无产阶级化为目的的组织路线，并采取必要的组织措施。

八七会议前全党只是产生一个临时中央政治局领导全党工作，而六大的召开，选举产生了新一届的中央委员会，使这种情况得到根本的改变。虽然六大在选举中存在着过分强调工人成分，对知识分子干部不分别看待，以至36名中央委员中就有21名工人干部。这些问题的存在，是党不善于总结大革命失败教训造成的。新一届中央委员会的产生，对于实现党的纲领和路线，对全党实行正确有力的领导，是十分必要的组织保证。

六大虽然没有圆满地选出理想的中央委员会，但也算及时地解决了一个急需解决的问题。六大提出建立并健全支部的组织与生活、加强与改善地方党支部的组织与工作为中心、肃清各种错误倾向等组织措施，“以达到党成为工人阶级自己的群众化的战斗的党的目的”，这对加强党的战斗力是有利的。

中共六大的召开，显示了中国共产党在挫折和困难面前不倒不垮的强大组织力量。大革命的失败，是党领导中国革命遭受的第一次重大挫折。在极其恶劣的政治环境下，六大这次特殊的党代会的召开，生动地说明共产党强大的组织力量，表现了共产党在挫折和困难面前不屈不挠，毫不气馁，绝不放弃的顽强精神。中国共产党为民族解放和人民幸福而奋斗，决不因为白色恐怖而放弃，决不因反动派的屠杀而改变。六大的召开，表明共产党还在活动，党领导的革命斗争还在继续。这对全体共产党员和革命人民都是一个极大的精神鼓励。

二、中共六大的深远影响

中共六大的历史贡献主要体现在几个方面：

1. 提出了党在民主革命阶段的十大政纲。中共六大根据党的任务，把二大提出的民主革命纲领加以具体化，提出了著名的十大政纲，使之成为响亮的政治口号，成为宣传中国共产党的政治主张，动员群众、组织群众的重要旗帜。

十大纲领在土地革命战争时期得到广泛的宣传。在20世纪30年代初的《中国共产党党证》上，印有十大政纲，被作为每个党员为之奋斗的任务和目标。毛泽东、朱德率领红四军主力向赣南闽西进军转战的过程中，以中国共产党红军第四军军党部的名义发布的《共产党宣言》中，依据六大决议发布了十大政纲。红军长征途中，也把十大政纲作为宣传、组织群众的重要思想武器。在红军长征经过的湖北新田、四川剑阁、四川名山、重庆酉阳、甘肃武山等地的红军标语中，就有十大政纲。

毛泽东充分肯定六大提出的十大政纲，认为“党的第六次代表大会所决定的十大纲领，就是新民主主义总路线下的具体纲领”。周恩来也指出：六大提出中国革命的“十大要求是我党在民主革命阶段中的纲领，也就是民主革命阶段的战略任务”。周恩来认为，十大纲领主要的意义在于提出战略任务，作为策略任务来看，它的一些内容不一定妥当，还有缺点。但“六大提出的十大要求基本上没有多大错误，就是将来到七大，也不会有多大的修正，不能只以抗战时期为限，因为抗战时期是民主革命的一个阶段”。全国抗战爆发后中共提出的抗日救国十大纲领，实际是上对十大政纲的继承和发展。

2. 为中国革命的复兴和发展指明了正确道路。中共六大提出了中国民主革命的根本任务，即消灭地主阶级，彻底实行土地革命；驱逐帝国主义，统一中国；武装暴动推翻反革命的资产阶级国民党的政权，建立工农兵苏维埃政权。同时在总的政治决议下，对工人运动、农民运动、政权问题、军事斗争、妇女工作、青年工作、宣传工作、民族问题等作出专门决议，为中国革命运动的复兴和发展提出了正确方针，指明了方向和道路。

六大在党的历史上第一次比较完整正确的提出了土地革命的路线和政策。六大还把土地革命和武装斗争、建立政权联系起来。所有这些，对动员、组织农民参加革命，对推动中国革命，保卫土地革命的成果都是非常重要的。虽然六大在土地问题、农民问题上也有不足，如过分强调了富农的封建性，对富农的策略也写得比较含混等等，但基本解决了在中国的具体条件下如何进行土地革命的问题。这也是集体智慧的结晶。六大专门成立了农民土地问题委员会，大会讨论农民土地问题时共有17人发言。最后讨论通过决议案。

六大在军事武装斗争、建立苏维埃工农民主政权等方面，也提出了重要的主张。所有这些都适应了复兴中国革命的迫切需要，为工农运动的发展，土地革命、武装斗争、工农民主政权建设的开展，都作出了重要贡献。

3. 为中国革命运动奠定正确的理论基础。在大革命失败后，中国共产党内由于对国民党屠杀政策的仇恨和对党内右倾错误的愤怒，而加强起来的革命急性病进一步发展；共产国际代表罗明纳兹提出并推行政治上的盲动主义和"左"倾政策，使中国共产党内随之发生"左"倾盲动主义即冒险主义错误。

中共六大的主要任务，就是总结大革命失败以来的经验教训，克服各种错误思想和倾向，进一步明确革命的方向和道路。六大对中国革命的性质、前途、动力，革命的任务、革命的不平衡性等所作出的正确回答，为中国共产党探索中国特色的中国民主革命道路，奠定了重要的理论基础。

毛泽东对此曾作高度评价。他指出："中国是一个经过了一次革命的、政治经济发展不平衡的、半殖民地的大国，而又经过了一九二四年至一九二七年的革命。这个特点，指出了中国革命战争有发展和胜利的可能性"。"这是一个最基本的问题，不答复中国革命根据地和中国红军能否存在和发展的问题，我们就不能前进一步。一九二八年中国共产党第六次全国代表大会，把这个问题又作了一次答复。中国革命运动，从此就有了正确的理论基础。"可见，六大在回答中国革命的重大问题，为中国革命提供正确的理论基础方面，是有重要贡献的。

4. 及时地指导和推动了中国革命的发展。在中国革命的重要转变时期，中共六大承担起指导中国革命的历史重任，明确规定"目前党的总的任务是夺取广大的群众促进革命高潮更快的到来，准备在将来的革命高潮中以群众的武装暴动推翻国民党统治，建立工农兵代表会议政权，彻底完成革命"。

六大还没有开完，就给国内工作发出指示，把六大的众多决定中，最重要的、最急迫希望国内党组织知道的精神传达到国内。这就是:"现在第一个革命浪潮以屡次失败而完结,而新的浪潮没有来,党的总路线是争取群众、统一群众、团结群众于党的主要口号,加紧日常工作,尤其是城市产业工人之中的工作"。党与群众脱离是主要的危险。全国范围之内暴动只是宣传的口号。坚决地反对盲动主义。指示还规定要把"这一电报发到各地讨论"。中共六大精神的贯彻,充分体现出对中国革命的指导作用。具体表现在:

(1)促进各革命根据地的创建和发展。在中共六大前,中国共产党领导的革命根据地如井冈山革命根据地已初步创建,但中央革命根据地的创建和发展则是在六大以后。1929年1月初,毛泽东在宁冈柏露村召开的军队与地方负责人的联席会议上,传达了刚收到的六大政治、土地问题、军事工作、苏维埃政权的组织问题等决议。与会者认真听取传达,讨论了当时形势,分析了根据地面临的新的反"会剿"任务。

在洪湖、湘鄂西革命根据地的创建和发展中,也曾得到六大精神的指导。1928年初,周逸群、贺龙回到洪湖湘鄂西地区,深入发动群众,开展武装斗争。同年10月4日,邓小平代表中共中央致函时任湘西前敌委员会书记的贺龙,传达中国共产党第六次全国代表大会的主要精神。1929年一二月间,贺龙收到中共六大决议,当即向全军传达,并结合陆续收到的一些井冈山红军建设经验和红四军中存在的不良倾向的材料,对部队进行整顿。同年3月,中共鄂西特委在江陵县沙岗召开第一次扩大会议,传达六大决议,总结斗争经验,并着重研究游击战争的问题。会后,江陵等县的游击武装全部,乘蒋桂战争爆发的有利时机,向敌发起进攻。可见,六大精神的传达,对湘鄂西革命根据地党和红军的发展,奠定了重要基础。

在广西,1929年7月,中共中央代表邓小平带着六大决议案,在龚饮冰的陪同下,秘密从上海经越南来到南宁。他排除当时党内

"左"倾冒险主义错误的干扰，加强对广西地方党组织的领导和各地工农运动的领导，采取各种措施，迅速恢复和发展左右江等地区的党组织和工农群众运动，和张云逸、李明瑞等人，于1929年12月和1930年2月先后领导发动了百色起义和龙州起义。这两次武装起义，为广西左右江革命根据地的创建奠定了基础。

(2)促进了红军队伍的发展和壮大。中共六大高度重视军事工作，提出了建立发展红军的任务，以及党员军事化、特别注意培养军事人才、特别注意农民群众游击运动等重要观点。1929年初，贺龙收到六大的决议后，当即向全军传达，并对部队进行了整顿，加强了党和红军建设的思想建设。

曾参加广州起义、东江游击战争，担任红军师长的徐向前，在东江游击战争失利后转移到九龙的中共广东省委机关。徐向前到九龙后，住在广东省委租的一座小楼里，看到了中共中央印发的六大文件，并且有机会静下心来，对东江游击战争进行认真的思考。他回忆说：六大的决议，写得很好，读起来很解渴。例如，关于中国革命的性质和民主革命的十大纲领，关于当时革命处于低潮时期的论断，关于既要反对右倾投降主义又要反对"左"倾盲动主义的问题，关于建立工农红军和发展根据地任务，等等，都在他的脑子里留下了深刻的印记。特别是联系到大革命失败后的亲身经历和见闻，使他进一步认识到，无产阶级的军事斗争，离不开正确政治路线和策略的指导。否则，将一事无成。

六大的正确决议推动了鄂豫皖革命根据地红军的形成和发展。1928年12月，中共中央派巡视员曹壮夫来到鄂东北，传达党的六大决议。为鄂豫皖根据地党组织和红军指明了今后工作的方向。此后的一年中，鄂豫边的党组织和红军在斗争中得到长足的发展。

(3)中共六大的正确路线还促进了国民党统治区党的工作的

发展。六大后，中国共产党在国民党反动派统治区的工作方式有了很大改变，由大革命时期的公开、半公开形式转入秘密工作，特别是注意深入群众，从群众的切身利益出发来开展斗争，在关心群众，维护群众利益的斗争中发展党的力量，也注意防止盲动主义的倾向；正由于这些努力，使国民党统治区的共产党和共青团的组织有了恢复和发展。

总之，中共六大对中国革命的发展发挥了积极的作用。在六大结束后的两年间，由于党的正确领导，"党在争取群众的斗争中不仅恢复和发展了自己的组织，在城市中恢复了工运，在农村中恢复了农会，而且在各地开展了游击战争，开辟了6个苏区，创建了红军，从而促进和发展了1929年底—1930年初中国革命运动的新高潮。"在六大精神的指导下，中国革命从严重失败走向了恢复发展，呈现出新的生机，这是不争的事实。从党的六大闭幕到立三路线形成，中间有两年时间。这两年是中国革命历史进程中的关键时刻，起着从遭受严重挫败到走向复兴的承先启后的作用。中共六大的路线发挥了正确的指导作用。

中共六大前后的陈独秀

陈独秀对共产国际代表在指导中国革命过程中的一些做法不满意，对八七会议批判右倾错误不满意，对会议确定的土地革命和武装反抗国民党反动派血腥恐怖统治的总方针，情绪消极。因此，也不愿意到莫斯科参加中共六大。

六大上，就陈独秀对大革命失败应负怎样的责任进行了讨论。讨论中邓中夏认为，中央是有一贯的右倾政见。这是毋庸讳言的。中央之中比较有系统的是陈独秀，他过去在党中，完全是右的路线，他的政治路线是不容易改的，是没有办法的。同时，邓中夏认为，陈独秀不参加六大是很可惜的。可惜国际几次电报叫他来他不来，可惜这次大会他未来。

瞿秋白在六大《政治报告讨论后之结论》中说："是否责任由他（指陈独秀——笔者注）一人负呢？大家说不应该，又说他应该负一点。这是法律的观点。他的思想是有系统的，常有脱离马克思列宁主义的观点，在政治意义上说，是他要负责的。在武汉他有机会主义的政策，妨害了甚至于出卖了工人阶级，这是不错，但当时的中央政治局是和他共同负责的。至于过去，则五四运动的《新青年》杂志以来，他对中国革命有很大的功绩。现在，只说他个人做了错误。在政治上，机会主义应由政治局负责”。王若飞等人的发言对陈独秀的错误也进行了比较实事求是的分析。

中共六大通过的《政治议决案》提到大革命时期的机会主义时，没有点陈独秀的名字，也没有采用“陈独秀右倾机会主义”的提法，只提发生在“党的领导机关”、“中央委员会”的机会主义。

陈独秀也承认，幸而六大对盲动主义、命令主义和革命高潮之说的矫正，他对中央和共产国际的对立情绪有所缓和。他在六大前就预料六大能改正瞿秋白的盲动主义；但八七会议对他批评如此严厉，足证共产国际早有牺牲他的决心；他即使出席六大，也难以有所挽回。所以他表示绝不出席六大，再也不愿参加中共的领导工作；但也不为自己辩护，也不出面批评别人。如果六大的成绩不错，他对共产国际和中共中央将不持反对态度，以后如果要他到莫斯科当一个政治难民，他是可以考虑的。

1928年7月24日，米夫致电在上海的A.E.阿尔布列赫特即阿尔诺：“请再次邀请陈独秀来莫斯科。我们保证他能够从事理论工作和返回中国。”但陈独秀没有接受邀请，或者说再次拒绝了邀请。

六大结束后的一段时间，陈独秀对六大路线是没有公开反对的。曾任中共江西省委书记、六大代表汪泽楷回国后去看他，鼓动他一起来反对中央。陈独秀拒绝，表示：“我不来，我要来就另外创造一个新党。”但是，在和彭述之、汪泽楷等人的争辩中，经过几个月的时间，他基本上接受了托洛茨基的观点，走上了反对派的道路。

陈独秀接受托洛茨基观点的一个重要原因，是托洛茨基对中国大革命失败的同情和对共产国际的批评。托洛茨基曾写了《共产国际纲领草案批评》，要求在中共六大闭幕后随即召开的共产国际六大上讨论，并恢复他的党籍。此文的第三部分是《中国革命的总结与前瞻》，系统地论述了中国大革命失败的原因、未来中国革命的性质、中国资产阶级的反动本质等一系列重大问题。1928年10月4日，托洛茨基又写了《共产国际第六次大会后的中国问题》，其中认为，中国大革命的失败完全是因为共产国际，提出“没有一个共产党，受共产国际机会主义领导之害有如中国共产党那样酷烈的”的观点。陈独秀对此深有同感。他首先在感情上开始倒向托洛茨基。但他不同意托洛茨基主张的，大革命失败后中国革命的理论路线是“无产阶级专政”和下一次革命“一开始就是社会主义革命”的观点。

中国的托派组织是某些留苏学生参加了托派，后被遣返回国到了上海。1928年12月，他们在上海成立了国内第一个托派组织，自称“中国布尔什维克列宁主义反对派”。另一支托派分子是一些比较隐蔽的托派如刘仁静、王文元等。他们也留学苏联，1928年7月共产国际六大时，他们参加了大会工作，拿到了大会分发的托洛茨基关于中国革命的文章，他们赞成托洛茨基的主张，就在1928年9月，在留苏学生中建立了托派秘密组织，与苏联托派组织建立了联系，并为国内托派组织翻译投寄托派文件等。1929年4月，他们创办了油印刊物《我们的话》作为机关报，被称为“我们的话派”。

当时，中共顺直省委书记、北方区委副书记彭述之，安徽省委书记尹宽，中央宣传部秘书、《布尔什维克》编辑部郑超麟等人在大革命失败后，因对陈独秀被批判，离开中央领导岗位而不满，自称为“陈独秀派”，反对新的中央领导。开始他们还担任党的领导职务，加上当时陈独秀明确表示“反对这种活动”，所以他们的活动十分隐蔽。陈独秀对八七会议有不同意见，他相信他的主张会逐渐被新的中央接受。托派分子王平一留学回国后，分配在中共中央直属机关支部工作，他把托派文件和《我们的话》给彭述之、尹宽、郑超麟等人阅看。彭述之、汪泽楷等人又向陈独秀积极鼓吹。于是，陈独秀开始接受托洛茨基的观点。

陈独秀本来打算加入"我们的话派"，或促成"我们的话派"和"陈独秀派"的合并。但"我们的话派"不欢迎，彭述之、尹宽等人也反对，认为那些年轻人不能领导参加过大革命的老干部。于是，陈独秀就和彭述之、尹宽等人单独组织托派小团体，取名"中国共产党左派反对派"，又称"中国共产党布尔什维克列宁派"。1929年9月，以陈独秀为核心的中国托派第二个小团体成立。因为这个派别以陈独秀为核心，所以被称为托陈派。

1929年8月5日、10月10日和10月26日，陈独秀在给中共中央的几封信和其他言行中，站在托派立场上，系统阐述他对中国革命的观点，认为资产阶级已取得了"优越地位"，封建势力则是"残余势力之残余"；还说"过去的革命已经过去，将来的革命还未到来"；目前"资产阶级政权相当稳定"，"经济相当恢复"；中国的革命高潮几时到来，还没有人能预言。因此，他提出：现阶段无产阶级只能进行以召集国民会议为总的政治口号的合法运动。这样，就在实际上反对党的六大的正确路线，反对党为坚持革命、复兴革命所进行的斗争，提出了取消反帝反封建的革命任务、取消党领导开展的各项革命斗争的观点。托陈取消派之名，也由此而来。

1929年8月5日，陈独秀致信党中央，认为现中央的政治、工作、组织路线有系统的错误路线，要求在党报上发表这封信，在全党讨论，企图挑起党内争论，以纠正六大路线。他强调，为"改正"六大的路线，即便在白色恐怖的条件下，中央和地方也应发动全党党员充分发表意见，"重新估定党的政策"，"决定党的一切工作之真正的正确路线"，并把他的信"公诸全党讨论"，否则就不是"民主集权制"，而是"官僚集权制"。

陈独秀认定："党的第六次大会，不仅对于将来的革命性质仍旧犯了机会主义的错误，并且对于目前的革命形势也估量不正确"。

他认为，目前是资产阶级政权相对稳定时期，“过去的革命已经过去，将来的革命还未到来”。因此，他断定“工农苏维埃在目前只是宣传口号”，而没有实际意义，主张以“召集国民会议”为目前“总的政治口号”，来代替“推翻国民党统治”、“组织苏维埃”的口号。在策略上，他鼓吹采取“合法”方式。这样，陈独秀就在信中公开举起了反对党的六大、反对整个党的路线的旗帜。陈独秀在中国革命根本问题、在对待党的六大路线和党的团结统一问题上的严重政治错误和组织错误，也是导致他后来被开除党籍的主要原因。

在上述信件中，陈独秀也指出了当时党内确实存在的某些“左”倾错误的表现。但是，他并不是从正确立场出发反“左”，他反“左”的主要锋芒不是指向那些确实存在的“左”倾错误，而是指向党的八七会议确定的总方针和六大路线。如指责党在六大以后力争“革命复兴”是建筑在“左”的形势估计上；说党为反抗国民党屠杀政策而在敌人统治薄弱的农村组织局部的武装起义是“左”倾盲动；责难党不接受他以合法活动为中心的主张。

同时，托陈派还利用当时党内组织生活不够健全的弱点，到基层支部中去活动，并且“专门找斗争失败的支部，专利用失败的事实，以攻击党的路线”。还拉拢一些党员，让他们看中央未同意发表的陈独秀的信件和托派文件，发展托派成员，扩大托派组织。如在江苏省委和区委工作的马玉夫、蔡振德就在基层支部和党员中积极活动，在支部会上公开攻击党的六大路线，谩骂组织，沪中区的报界支部和一个绸厂支部以及一些铁路、电车、印刷等行业的工人转向托派。他们还成立了支部、区委，在党内进行分裂活动。这对处于秘密状态下的党组织构成了严重威胁。

针对反对派的活动，中共中央首先从思想、理论上予以反击。1929年8月3日，党报《红旗》刊出“反托洛茨基主义专号”，登载了李立三撰写的《反托洛茨基和中国的机会主义大纲》。8月13日，中央专门发表关于中国党内反对派问题的第44号通告，号召全党要严重注意反对派，在思想上理论上与托洛茨基反对派开展斗争，防止托洛茨基主义思想侵入，并要与反对机会主义残余联系起来。要求各级党部开展讨论，形成决议。通告指出：反对派的小组织活动，"是破坏中国党的统一之最险的企图"，是布尔什维克党所绝不容许的。必须要采取组织上的措施，开除其领袖；对参加小组织的分子，主要用教育的方法说服，以巩固党的一致。

10月5日，中共中央政治局通过了《关于反对党内机会主义与托洛茨基主义反对派的决议》，针对陈独秀的信，对托洛茨基反对派的理论进行了系统分析，批判了陈独秀等对中国革命的性质、策略等根本问题上的右倾取消主义观点，提出：这样的思想在党内发展，不止是破坏党执行目前迫切的革命任务，而且可以使党分崩离析以至灭亡。号召全党彻底肃清取消主义思想。鉴于陈独秀等人的活动，决议把对他们的斗争放在首位，并警告陈独秀必须服从中央的决议，停止一切反党宣传与活动。同时决定各级党部如发现小组织必须马上解散；经讨论后仍坚持取消主义思想，不执行党的策略，不服从决议的应开除出党。

11月13日，中共中央又给各级党部和全体同志发出一封公开信，指出：六大路线是经全体代表讨论一致通过并得到共产国际批准的，绝不能提出另一个与六大对立的路线并在党内活动；在支部中应充分讨论，但要纠正极端民主化，不能否认和反对接受上级指导机关对讨论的指导和决议。同时指出，与反对派思想上的斗争，决不是一下子就可以解决，但讨论不应无限制地长期进行，妨碍党与敌人的斗争，要求在短期内结束讨论。

在与反对派斗争的过程中，尽管陈独秀等人无视党的组织纪律，党还是尽力帮助挽救他们，做了许多工作。1929年7月12日，周恩来和向忠发同陈独秀谈话，指出陈独秀的中心问题是忽略农民，南京政府是豪绅地主与资产阶级的联盟。并告知国内又有反对派的活动。中共江苏省委、区委及他们所在的支部一再同他们谈话、讨论，对反对派的观点进行驳斥，要他们停止小组织活动，向党承认错误。在生活上，党组织仍对他们给予关心，如让他们翻译文件，为他们代卖书稿，帮助解决经济问题等。

但陈独秀等人拒绝中央的批评和挽救，继续进行反党宣传与活动，并公开打出反对派的旗帜，进行分裂党的非组织活动。针对陈独秀自行组织托派小组织，中共中央于1929年10月6日向他发出书面警告，指出："在党的组织原则上不容许有两个路线同时存在，尤其不容许有少数同志与党对立，破坏党的组织系统"；"你以及和你意见相同的人，在上海党的下层组织中有超越组织的活动"，"必须站在党的利益上立即停止这种活动"。可是，陈独秀在10月10日复信中央时，却向中央表示，他决心"结合下层的革命群众和机会主义的上层领导机关奋斗，而不计其他"。对于中央的耐心挽救，他采取了坚持错误的顽固态度。

采取必要的组织措施是不可避免的了。中央指示上海党组织，对反对派的斗争，必须从思想上、组织上"双管齐下"。对有问题的同志，力争唤醒，挽救不过来的，必须采取纪律措施，坚决反对小组织活动和调和倾向。10月25日，中共江苏省委与上海各区党团书记联席会议通过《江苏省委为开除彭述之、汪泽楷、马玉夫、蔡振德及反对党内机会主义与托洛茨基反对派的决议》，并请求中央开除陈独秀。

11月15日，中共中央政治局通过决议，指出陈独秀等对中国革命得出取消主义的结论，在思想上行动上公开站在托洛茨基一边，决议开除陈独秀党籍并批准江苏省委开除彭述之、汪泽楷、马玉夫、蔡振德四人党籍。决议要求各级党部注意反对派的活动，解散小组织，肃清无政府主义和调和派倾向，拥护中央决议和党的纪律。由于陈独秀的特殊地位，开除陈独秀党籍的决议尚需共产国际审批。

1930年1月18日，共产国际致电中共转陈独秀，要他到莫斯科参加共产国际审查这一决议的会议。电报说：共产国际执委会"决定予您机会来参加主席团审议是否批准中共中央关于将您开除出党的决定的会议"；会议应不晚于两个月举行。"如您拒绝参加或两个月内未收到您的答复，这一问题将列入共产国际执委会主席团的议程"。这一提议遭到陈独秀的再次拒绝。由此可见，张国焘回忆"共产国际在六大以后，就再没有邀请陈先生游俄了"，与事实不符。

2月27日，陈独秀复信，猛烈抨击共产国际和中共中央的路线，宣称"关于这些根本问题，我和你们实有不可调和的不同意见"。这样，陈独秀被开除就无可挽回了。

毛泽东主持编辑的《六大以来》和《六大以前》

《六大以来》和《六大以前》，是中国共产党在延安时期编辑的两本重要的党内文件集。这两本文件集的全称分别是《六大以来——党内秘密文件》和《六大以前——党的历史资料》，标明的文件编辑者是“中共中央书记处”。“中共中央书记处”在当年就是中央政治局常务委员会。以中共中央书记处的名义编辑，足见两个文件集的意义非凡。

这两本文件集以中共六大为重要分界点，将六大以前和六大以来的党的若干重要文件选编出来，供党员干部学习。这对提高党员干部的政治思想水平，了解党的历史；对统一全党认识，坚持正确的政治路线、思想路线，产生了十分重要的影响和作用。

中共中央为什么要编《六大以来》和《六大以前》呢？说来话长。

1935年1月，中央红军在长征途中，在贵州遵义召开的中央政治局扩大会议，纠正了1931年初到1934年底的党内的“左”倾错误路线，改变了党的政治路线，确立了毛泽东的领导地位，把党的路线转到了马克思列宁主义的正确轨道。但是对于过去错误的性质和根源，在当时没有也不可能给以深刻的总结。

1935年11月的瓦窑堡会议基本上解决了党的政治路线问题。此后，毛泽东又潜心钻研，撰写了《矛盾论》《实践论》等重要的哲学著作，着重批评以王明为代表的教条主义，以解决思想路线问题。

全国抗战爆发后，在中国共产党倡导的抗日民族统一战线的旗帜下，各党派团体、各民族、各界人士都团结一致，众志成城，共同抵御日本侵略者。中国共产党提出了发动人民群众参加抗战的全面抗战路线，八路军、新四军挺进抗日前线，中国共产党领导的敌后抗日力量在华北、华中、华南和东北，广泛开展敌后游击战争，建立抗日根据地，发展人民抗日武装。在此过程中，党的组织力量也得到很大发展，新增加了大批党员。

自1938年10月中国抗战进入战略相持阶段后，1941年后的敌后抗战因为多种原因，进入了十分困难的阶段，面临着严峻的挑战。为了克服困难，坚持抗战到底；为了加强对新老党员的教育，特别是为了进一步端正党的思想路线，克服党内的主观主义和教条主义，以使党更好地担负起领导抗战走向胜利的重任，中共中央抓住当时抗战条件艰苦、但局势较少变化的时机，领导全党开展了以学习党的路线和总结党的历史经验为中心，以反对主观主义、宗派主义、党八股为内容，以"惩前毖后，治病救人"为方针的整风运动。

这次全党范围内的整风运动，研究、总结党的历史经验，其主要目的是反对教条主义，树立实事求是的思想路线，彻底肃清以王明为代表的错误思想路线在干部中的影响。整风运动的开展需要正确的思想理论武装。马克思主义的基本原理是行动的指南。党的历史上的许多文件也是重要的学习材料。通过学习研究历史文件、结合具体实践来分清历史是非，这是整风运动的一个重要环节，也是一个重要特点。

为了给整风运动提供学习和研究问题的材料，1941年七八月间，经中央政治局讨论决定，由毛泽东主持编辑《六大以来——党内秘密文件》，简称《六大以来》。在主持编辑《六大以来》的过程中，毛泽东亲自挑选文件，订正文件标题、时间和出处，进行文字整理并校阅版样。

9月8日，中共中央书记处工作会议决定：中央政治局思想方法学习小组除研究马、恩、列、斯著作外，同时研究六大以来的中央文件，着重研究六届四中全会至遵义会议一段的中央文件，由王稼祥任副组长，负责组织这一研究。同时决定，编印的中央文件集政治部分，前三本加印1000份，第四本以后加印500份，并由任弼时负责删除其中秘密性的材料，以便发给在延安的七大代表和党内高级干部进行研究。

此时，出席七大的许多代表已经陆续从全国各地抵达延安。

《六大以来》封面

其中有不少人是各地党、政、军、群众团体的领导干部。因为七大延期，他们大多分配在中央党校学习。这既是提高他们政治素质和思想理论水平的极好机会，也是提高党代会代表的素质和党性修养，保证中共七大顺利召开的重要举措。以后的历史充分证明了这一点。

1941年9月10日至10月22日，中央政治局召开扩大会议，史称第一次九月会议。会议着重检讨了党在土地革命战争后期的领导路线问题。毛泽东在9月10日的会上作关于反对主观主义和宗派主义的报告。他指出，过去我们的党很长时期为主观主义统治，立三路线和苏维埃运动后期的“左”倾机会主义都是主观主义，苏维埃运动后期的主观主义表现更严重，它的形态更完备，统治时间更长久，结果更悲惨。遵义会议，实际上变更了一条政治路线。过去的路线在遵义会议后，在政治上、军事上、组织上都不能起作用了，但在思想上主观主义的遗毒仍然存在。因此，毛泽东提出，中央研究组一方面研究马克思主义的思想方法论，一方面研究六大以来的决议。延安开一个动员大会，中央政治局同志全体出马，大家都出台讲话，集中力量反对主观主义和宗派主义。

9月26日，中共中央决定并成立了高级学习组，组织党的高级干部"研究马、恩、列、斯的思想方法论与我党二十年历史"，以"提高党内高级干部的理论水平和政治水平"，"克服错误思想（主观主义及形式主义），发展革命理论"。

在此期间，毛泽东、王稼祥于9月29日给中央研究组及高级研究组的信，要求研究组的同志们学习党的六大以来的文件。随信另单开列了要目，共选择了70个文件。

10月4日，中共中央学习组发出通知：各地高级学习组暂不进行马恩列斯方法论的研究。本年内均先通读季米特洛夫在共产国际第七次代表大会上的报告、列宁的《共产主义运动中的"左派"幼稚病》与《六大以来》83个文件、1942年春可进到深入研究阶段。可见，《六大以来》在10月初已具有雏形，共收有83个文件。

1941年12月，《六大以来》编成正式出版，收录从1928年6月党的六大以来至1941年11月的557个文件。这和两个月前学习通知所提到的83个文件相比，数量已经增加近七倍。到1952年4月再版时，《六大以来》新增为562个文件（有资料说是561个文件，可能是有遗漏）。据1952年的再版说明，新增有六届三中全会的文件，即《关于政治状况和党的总任务议决案》（1930年9月）、《对于中央政治局报告的决议》（1930年9月）、《中共三中全会告同志书》（1930年10月17日）。因为没有找到原版的《六大以来》，所以不能核对，也无法说明新增的五个文件中另外两个文件是什么内容。

《六大以来》选编的文献和资料，起于1928年7月9日的《中国共产党第六次全国代表大会底决议案》，止于1941年11月21日毛泽东

《在陕甘宁边区参议会的演说》。时间跨越了中国新民主主义革命的两个时期——土地革命战争时期和全国抗日战争时期。这是中国的政治、经济、文化以及阶级关系发展变化十分剧烈和复杂的时期。在这13年多的时间中，中国共产党领导中国人民创建了红军和革命根据地，开展了土地革命，进行了反对蒋介石国民党反革命"围剿"的战争，进行了史无前例的万里长征，领导中国人民实现了从国内战争到民族战争的战略转变。

同时，中国共产党又随着日本侵略的扩大，领导人民进行抗日斗争。特别是1937年卢沟桥事变后，中国共产党制定了全面抗战路线，广泛发动和组织人民、依靠人民，开展抗日游击战争，创建敌后抗日民主根据地，发展人民军队。中国共产党坚持抗战、团结、进步的原则，坚持有理、有利、有节的方针，打退了国民党顽固派制造的反共高潮，有力地打击了日本侵略者，最后取得全国抗战的胜利。《六大以来》系统地反映了这两个时期中的重大历史事变和复杂斗争，反映了随着革命进程，党的战略和策略路线的变化与发展。

《六大以来》选编的党的历史文献和资料，其中有党的六大和六届二、三、四、五、六次中央全会的主要文件26篇，党中央的文件231篇，中央各部、委文件55篇，中共苏区中央局及其他地方党委文件40篇，苏维埃大会与苏维埃中央政府文件等33篇，红军、八路军、新四军及总政治部文件等37篇，共产主义青年团的代表大会、中央全会、团中央和团苏区中央局文件等21篇，其他群众团体（全总执行局、互济会、民先队等）23篇，个人文章信件34篇。全部文献和资料分为八个方面：政治问题收入文件334篇，组织问题收入文件54篇，军事问题收入文件51篇，锄奸问题收入文件20篇，职工运动收入文件29篇，青年运动收入文件38篇，妇女运动收入文件10篇，宣传教育收入文件26篇。每个专题内的文献和资料，统一按年、月、日先后顺序排列，约计280万字。

1942年3月27日，中央书记处会议决定：《六大以来》一书通读一遍的计划，即告一段落，从下周起开始中共党史与中国革命新的研究计划。根据中央决定，毛泽东于3月30日在中央高级学习组作了《如何研究中共党史？》的报告。在指出《六大以来》一书的学习“发生了启发思想的作用”之后，毛泽东强调，要“用整个党的发展过程做我们研究的对象，进行客观的研究”；指出《六大以来》只选了两个阶段的材料，少了六次大会前面一段，要找这些文件材料。

随着延安学习运动的深入，提出了系统研究党的历史的要求。陈云最早提出建议：将六大以前党的历史文献也编辑整理出来。因此，1942年2月11日中共中央政治局会议经过讨论，同意陈云的提议，决定编印“六大以前党的历史文献”。

遵照中央的决定和毛泽东的意见，由胡乔木等人负责此书。胡乔木等人克服了收集文献资料等种种困难，将《六大以前——党的历史材料》简称《六大以前》于1942年10月编成出版。

《六大以前》编选的历史文献和资料，时间是从1921年3月到1928年6月。其中有：共产国际五届执委第六、七、八、九次扩大会对中国革命问题的决议四篇，党的二大、三大、四大、五大宣言和五大的决议，以及1926年7月中央扩大执行委员会会议文件等24篇，党中央和共青团中央文件40篇，第二、三、四次全国劳动大会宣言、决议等12篇，个人（包括列宁、斯大林、李大钊、陈独秀、蔡和

1942年10月版的《六大以前》封面

森、瞿秋白、邓中夏、恽代英、周恩来、赵世炎、毛泽东等近40人）文章140篇，统一按年、月、日顺序排列。《六大以前》收入的历史文献和资料共计220篇，约120万字。

这些文献资料，比较系统地反映了1921年到1927年期间中国政治舞台上的重大事件，如：孙中山在两广与陈炯明等的斗争，二七罢工，曹锟取代黎元洪的北京政变，孙中山对各派军阀政策的演变与国民党的改组，国共合作的建立，江浙战争与商团叛乱，第二次直奉战争，冯玉祥驱逐曹锟的北京政变，孙中山北上与国民会议运动，五卅运动、省港罢工与国民政府的成立，两次东征与讨平刘、杨之役，第三次直奉战争及国民军之兴起与挫折，北京"三一八"大屠杀，广州三二〇事变与"五一五"整理党务案，消灭吴、孙军事势力的北伐战争，蒋、汪叛变与大革命的失败，党的八七会议、十一月政治局扩大会与广州暴动，等等。这些文献资料的内容，有我党针对重大事件发布的政策、主张和对它们的宣传解释，有关于中国社会各阶级的分析和对中国革命性质、任务、对象、动力、前途的论述，有关于工人、农民、青年学生、妇女、兵士等群众斗争的记述及方针之探讨与经验之总结，有对孙中山、国民党与三民主义之历史及现状的评述，有对帝国主义侵略和军阀卖国残民政策之揭露，有对戴季陶主义、国家主义之批判和对国民党右派勾结帝国主义与军阀反俄、反共破坏革命种种丑行之抨击……

这些文献和资料，也反映了当时在反帝反军阀斗争、同国民党的关系、工农运动、北伐战争等方面党的路线、政策上的"左"的和右的倾向，反映了路线、策略及实际工作上的争论和分歧。陈独秀的30余篇文章，比较系统和客观地反映了他从1922年到1926年时期内思想政治倾向发展的主要方面。主要有：《革命和反革命》《资产阶级的革命与革命的资产阶级》《北京政变与国民党》《国民党的一个根本问题》《中国革命势力统一政策与广州事变》《南方形势与国民党》《给蒋介石的一封信》《论国民政府之北伐》《我们现在为什么争斗？》等篇。集中与系统地反映这一时期路线分歧的，则是1927年2月瞿秋白的《中国革命中之争论问题（第三国际还是第零国际？——中国革命中之孟雪维克主义）》。《紧急时期中的中国共产党》一文，则提供了这种分歧的若干可供研究参考的史料。

总之，《六大以前》把中国共产党历史上的很多重要文献集中起来了。在中国共产党建立以前和党的一大时，陈独秀和其他早期的马克思主义者都认为社会主义革命是中国的现实任务。到了中共二大时，党已经提出了中国革命第一步是民主革命，第二步才是社会主义革命的纲领。党的二大宣言，虽然在许多方面反映有旧民主主义的老观点，如说"民主主义革命成功了，无产阶级不过得着一些自由与权利"，无产阶级要获得完全解放，必须"实行'与贫苦农民联合的无产阶级专政'的第二步奋斗"。然而，二大宣言也已经有了超出旧民主主义的新提法。它说到："如果无产阶级的组织力和战斗力强固，这第二步奋斗是能跟着民主主义革命胜利以后即刻成功的。"（中国共产党第二次全国大会宣言，载于《六大以前》第10页，人民出版社出版。）瞿秋白对于中国封建宗法制有深刻透彻的观察和认识，因而他对于中国的农民问题倾注了极大的注意力。他是中国共产党最早认识农民问题重要性的领袖之一。他也是毛泽东、彭湃从事农民运动的最坚定的支持者。早在1923年，他就根据俄国革命的经验指出："无产阶级革命没有农民的辅助，不能有尺寸功效。"在党的三大上，瞿秋白指出农民占中国人口绝大多数，"不得农民参加，革命不能成功"，无产阶级应当唤醒农民，与之联合起来。

《六大以来》和《六大以前》作为党的历史文献资料的汇编，内容相当系统而丰富，是研究党史的重要依据，也是研究延安整风运动必不可少的材料。

《六大以来》和《六大以前》具体地反映了马克思列宁主义理论同中国革命实践相结合的过程，也有力地证明了毛泽东思想科学体系的产生、发展和形成，不是一个或几个天才人物的创造，而是中国共产党人集体智慧的结晶，正如毛泽东同志本人所说的，是“在党和人民的集体奋斗中”产生的，它是中国共产党领导中国无产阶级和人民大众革命斗争实践的历史记录。

中国共产党是在长期斗争实践中，在实事求是的不断总结历史经验教训中，找到中国革命的正确道路，锻炼出一条马克思列宁主义路线的。1962年1月30日，毛泽东在扩大的中央工作会议上的讲话中指出：如果有人说，有哪一位同志，比如说中央的任何同志，比如说我自己，对于中国革命的规律，在一开始的时候就完全认识了，那是吹牛，你们切记不要信，没有那回事。

研究中共党史，必须尊重历史，以历史资料和事实作为党史研究的客观根据，坚决反对主观主义和必须采取历史唯物主义的态度。中央决定和编印的《六大以来》《六大以前》，体现了这种科学态度。延安整风运动由于坚持了实事求是的科学态度，因而深刻地清算了陈独秀、王明等右的和“左”的机会主义路线，扫除了主观主义、宗派主义等反马克思主义的思想作风，正确地总结了党的历史经验，促进了马克思主义理论与中国革命实践更加广泛深入的结合；从而确立了毛泽东思想在全党的领导地位，形成了在毛泽东思想基础上的全党统一与团结，取得了新民主主义革命、社会主义革命和建设的胜利。在这个过程中，作为整风运动学习文件的《六大以来》和《六大以前》，是起了它的历史作用的。

但是由于当时历史条件的限制，不少应当编入的文献和资料，因为找不到而未能编入。这个缺点，以后逐步在汇编出版各种文献资料加以补救。新中国成立后，经中央书记处同意，在胡乔木指导下，中共中央办公厅秘书处对两部书进行了校订和增补。《六大以前》于1951年2月再版，《六大以来》则于1952年4月再版。以后的出版，则是采用的1951年和1952年版纸型重印。

为什么延安整风期间以六大为起点来编辑党的历史文件？这和1928年到1941年期间党的历史发展分不开。在这期间，党在领导中国人民同蒋介石国民党、同日本帝国主义长期而又艰苦卓绝的战争和其他形式的斗争中，在战胜党内“左”的和右的机会主义路线的过程中，在总结革命实践之成功和失败的经验教训的基础上，逐步发展和形成了农村包围城市武装夺取政权，人民军队和人民战争，根据地建设，革命统一战线，党的建设，理论原理以及工作方法和作风等一个比较完整的后来被党的七次大会称为毛泽东思想的理论体系。《六大以来》历史地和实际地反映了毛泽东思想科学体系发展形成的过程。所以，毛泽东思想发展和形成为基本上完整的科学体系，是1928年到1941年期间一个重大历史特点。这可以说是延安时期毛泽东要编辑《六大以来》的一个重要原因。

除了《六大以来》《六大以前》，还编过一本《两条路线》。1943年10月，延安整风运动进入学习党的历史阶段，要求参加整风人员学习党的历史并阅读《两条路线》一书。这本书是对1941年出版的《六大以来》进行增删以后形成的。在《六大以来》的基础上，增加了大革命时期即第一次国内革命战争时期和1942年、1943年的文件，共收入建党以来党内重要文献137篇。

《两条路线》一书汇编了中国共产党诞生以来的重要文件如决议、宣言，等等，也有党的有关领导同志的著作。其中内容，既有正确的，也有错误的，有在党的历史上起过好的作用的，或者是发生了错误影响的，以便于党的高级干部联系史实对照比较，深入研究党内两条路线斗争的历史。此书被作为这一阶段高级干部学习的主要文件，已到达延安的七大代表也全部参加这本书的学习。

正如有的老同志回忆说，在整风运动中学习的材料是比较多的，除规定的22个必读文件外，还有《六大以前》、《六大以来》、《两条路线》、六本《干部必读》等书。开始是学习《六大以来》。这本书是让我们这些七大代表更好地了解研究党的历史，更好地统一思想，为七大的召开作思想上准备的。大家非常珍惜在中央党校一部的学习机会。有老同志至今还保存着“中央党校听讲证”。

在中央党校，还组织学员学习党内两条路线斗争史。每人发一大本《两条路线》，这本《两条路线》把我们党的历史，从一大、二大、三大到六大的文件选编在内，既反映了正面意见，也有反面意见，编的都是原文，让我们学习理解，了解哪些意见是正确的，哪些意见是错误的。实际上就是总结党的历史经验。这样学习的效果是比较好的。

20世纪80年代初，应中共党史研究工作的急需，经中共中央书记处批准，《六大以来——党内秘密文件》和《六大以前——党的历史材料》两书，由人民出版社出版，《六大以来》内部发行，《六大以前》公开发行。这两本书的重新出版，为人们提供了从1921年到1941年期间比较准确、系统和丰富的党史文献资料。这些文献资料，对于恢复党的历史的本来面目，澄清过去曾被歪曲、颠倒了的是非，特别是对于干部群众和党史研究工作者坚持解放思想，实事求是的原则，客观地学习、研究和准确地宣传党的历史与毛泽东思想科学体系，都具有重要意义，发挥了积极的作用。

编辑手记 /吕佳音

中共六大是中国共产党历史上唯一一次在国外召开的全国代表大会。中共六大为什么会在国外召开，中共六大代表如何在白色恐怖下千里迢迢赶赴莫斯科？六大会址究竟在莫斯科哪里？……围绕着这次独特的党代会，产生了许多值得探寻的历史。

1927年7月第一次国共合作全面破裂，这时的中国共产党遇到了前所未有的困难。蒋介石在南京建立政权后，经过一系列新军阀混战，建立起在全国范围内的统治，残酷地镇压、屠杀共产党人和革命群众。

1928年4月下旬至5月上旬，瞿秋白、周恩来等中央领导人和100多位参加六大的代表分批秘密前往莫斯科。

中国共产党第六次全国代表大会于1928年6月18日至7月11日在苏联莫斯科近郊兹维尼果罗德镇的塞列布若耶乡间别墅召开。大会批判了陈独秀的右倾投降主义和瞿秋白的“左”倾冒险主义错误。指出中国的社会性质仍然是半殖民地半封建社会，中国现阶段的革命是资产阶级民主革命，革命的中心任务是反对帝国主义和封建主义，实行土地革命，建立工农民主专政。并指出党在当时的总任务是争取群众，准备暴动。会后的两年，全党贯彻执行六大路线，中国革命出现走向复兴和发展的局面。

这是一个年轻的政党遭受挫折后艰难地站起，去一个遥远的地方继续求索的往事；这是一群青年人不畏危机，奋发斗争的历程；这是一段有异域风采，有艰险旅程的精彩历史。

在2011年，中共六大的许多解密历史被重新整理。这本小书集合众多当事人的珍贵回忆，以及由中央党史研究室第一研究部原副主任李蓉收集的第一手珍贵史料，整理编写而成。以群体记忆来重温这一段在中共历史上最为独特的一届党代会。尽管距今已相隔近90年的时间，尘封的历史早已泛黄，但亲历口述以及精彩的历史细节能将读者带进那个时代，当阅读完毕，从血雨腥风中透出的希望和坚持，相信也能带给读者震撼与启迪。